Das große Buch der Fußball-Geschichten

Das große Buch der Fußball-Geschichten

Herausgegeben von Barbara Zoschke

Illustrationen von Dorothea Ackroyd

Bibliografische Information Der Deutschen Bibliothek
Die Deutsche Bibliothek verzeichnet diese Publikation
in der Deutschen Nationalbibliografie; detaillierte bibliografische
Daten sind im Internet über *http://dnb.ddb.de* abrufbar.

Der Umwelt zuliebe ist dieses Buch
auf chlorfrei gebleichtem Papier gedruckt.

ISBN-10: 3-7855-5777-9
ISBN-13: 978-3-7855-5777-8
Gekürzte Neuausgabe 2006
1. Auflage 2006
© 1998 Loewe Verlag GmbH, Bindlach
Umschlagillustration: Dorothea Ackroyd
Printed in Slovenija (013)

www.loewe-verlag.de

Inhalt

Werner Färber
Gelbe Karte für Papa 11

Piet Konyn
Jürgen darf mitspielen 13

Uwe Timm
Rennschwein Rudi Rüssel (Auszug) 17

Toni Löffler
Nicki stürmt nach vorn (Auszug) 30

Volker W. Degener
Die anderen 37

Hermann Kasack
Der Ball spielte mit den Menschen 45

René Goscinny
Fußball 48

Alfred Hitchcock
Ein böses Foul 55

Doris Meißner-Johannknecht
Ninas Geheimnis 67

Manfred Mai
Das Traumpaar 73

Dietlof Reiche
Der Fußball ist weg 76

Horst Heinrich
Am Fußballstadion 90

Werner Färber
Gurkenkicker 93

Herbert Heckmann
Tor! 95

Toni Löffler
Nicki und Lena (Auszug) 102

Samson
Bodo, der Torschützenkönig 113

Ödön von Horváth
Legende vom Fußballplatz 116

Rita Watermeier
Das Traumspiel 121

René Goscinny
Reportage der ersten und zweiten Halbzeit 126

Manfred Mai
Wir werden Meister! (Auszug) 137

Manfred Mai
Fußball verbindet 148

Quellenverzeichnis 154

Werner Färber

Gelbe Karte für Papa

Silke spielt in der E-Mannschaft ganz vorne im Sturm. Ihr erstes Tor hat sie heute schon geschossen.

Und schon wieder schießt Silke aufs Tor. Der Torwart lenkt den Ball an den Pfosten. Er hechtet hinterher und begräbt den Ball unter sich.

Silke ist sich nicht sicher, ob der Ball im Tor war. Der Schiedsrichter lässt weiterspielen.

Aber Silkes Papa rennt an der Seitenlinie auf und ab. „Das war ein Tor!", ruft er aufs Spielfeld. „Ich kann es beweisen! Ich habe alles gefilmt!" Er hält dem Schiedsrichter seine Videokamera hin.

Silkes Papa schimpft so laut, dass es dem Schiedsrichter zu bunt wird. Er zeigt Silkes Papa die gelbe Karte.

Silke würde am liebsten im Boden versinken.

Zu Hause sieht sich Papa seine Aufnahme an. Vorwärts, rückwärts und in Zeitlupe. Immer wieder. „Da, eindeutig", sagt Papa. „Dein Schuss war drin. Dieser blinde Schiedsrichter."

„Papa", sagt Silke. „Wir haben doch auch so gewonnen."

Sie nimmt sich vor, das nächste Mal stärker draufzuhauen. Sodass der Ball im Netz zappelt. Dann bekommt auch Papa keine gelbe Karte mehr.

Piet Konyn

Jürgen darf mitspielen

Jochen, Herbert und Uli standen am Sportplatz. Sie scharrten mit den Füßen und ließen die Köpfe hängen.

„Wenn Jürgen nicht mitspielt, können wir nicht gewinnen!" Jürgen war der beste Mittelstürmer, ohne ihn war der ganze Sturm ohne Schwung. Jürgen war der Torschützenkönig, alle Jungen in der Stadt wussten das. Aber Jürgen hatte es deutlich gesagt: „Ich darf nicht mitspielen, Vater hat es verboten, ihr wisst ja – das schlechte Osterzeugnis."

Ohne Jürgen war das Spiel verloren, alle Mühe im Training war umsonst, das wussten die Jungen.

Da kam Peter die Straße heruntergeschlendert. Er war der Kleinste der Klasse, aber ein pfiffiges Bürschlein. Er wäre so gern ein großer Fußballspieler gewesen. Ein guter Techniker war er schon, aber für ein so schweres Spiel doch ein bisschen schwach. Die Hände in den Taschen vergraben, ging er gemütlich auf die drei zu. Er sah sich die Fußballspieler der Reihe nach an: Jochen war der größte, ein richtiger Mittelläufer, wie er sein muss. Herbert, dick und rund, passte gut ins Tor. Uli mit den roten Stehhaaren und dem Sommersprossengesicht war ein gefährlicher Linksaußen. Die drei Jungen scharrten immer noch verlegen auf der Erde herum. „Ihr seht aus, als wäre das Spiel schon verloren", sagte Peter. Jochen knurrte: „Ist es ja auch, ohne Jürgen schaffen wir es einfach nicht."

„Vielleicht kann ich euch helfen", meinte Peter. „Daran haben wir schon gedacht", sagte Uli. „Aber du musst einsehen, mit Technik allein schaffst du es nicht. Für das schwere Spiel bist du zu schwach."

„Das weiß ich selbst, Rotkopf", wehrte Peter ab. Er zog die Hände aus den Taschen und stellte sich vor seine Kameraden hin. „Warum gehen wir nicht zu Jürgens Vater und sprechen einmal mit ihm? Den Kopf reißt er uns bestimmt nicht ab."

„Pfiffikus, das ist eine Idee!", riefen alle wie aus einem Mund. Nur Jochen zuckte die Schultern, denn er kannte Jürgens Vater. Was der einmal gesagt hatte, das galt.

Die vier machten sich auf den Weg, Pfiffikus voran. Jürgen wohnte in der Händelstraße. Peter holte noch einmal Luft, dann klingelte er. Und da trat Herr Baumann, Jürgens Vater, aus der Tür. Erstaunt musterte er die Freunde. Er kannte sie, Jürgen hatte oft von seinen Mitschülern erzählt.

„Na, ihr Helden, was treibt euch denn zu mir?" Peter schluckte noch einmal und dann rückte er mit seinem Vorschlag heraus.

Herr Baumann traute zuerst seinen Ohren nicht. Hatte er richtig verstanden? Peter wollte Jürgen beim Aufsatz helfen, Jochen sogar bei den Rechenaufgaben! Gab es denn so etwas überhaupt, und dazu noch bei Fußballbuben?

Die Jungen strahlten. Peter sagte: „So ist es ausgemacht, Herr Baumann, Sie können sich bestimmt auf uns verlassen." Herr Baumann musste sich das Lachen verbeißen. „Ihr seid ja schlaue Bürschlein. – Gut, ihr habt gewonnen, Jürgen darf mitspielen."

Die Jungen riefen: „Herr Baumann, jetzt gewinnen wir das Spiel." – „Abwarten", meinte Herr Baumann. Die Jungen tuschelten miteinander. „Herr Baumann, kommen Sie doch mit zum Sportplatz!" Herr Baumann überlegte. „Den Vorschlag nehme ich gern an, Pfiffikus. Am Samstag sehen wir uns wieder."
Die Jungen waren froh und stoben lachend davon.

Der Samstag kam. Peter stand neben Herrn Baumann. Das Spiel war nicht mehr zu verlieren. Jürgen hatte gerade einen Elfmeter sicher verwandelt. Damit stand es 3:0. Nur noch wenige Minuten waren zu spielen.

Herr Baumann hatte die Hand auf Peters Schulter gelegt. „Das war wirklich ein spannendes Spiel und ihr habt verdient gewonnen." Jürgen kam mit seinen Freunden verschwitzt vom Platz. „Wir haben gewonnen, Vater – und das andere schaffe ich auch!"

Die Jungen hielten Wort. Herr Baumann merkte es, als Jürgen das nächste Zeugnis nach Hause brachte.

Uwe Timm

Rennschwein Rudi Rüssel

Und dann, endlich, fanden Mutter und Vater ein Haus. Sie fanden es, weil Vater immer in der Zeitung die Stellenangebote las. Er suchte ja Arbeit. Und da entdeckte er eine Anzeige:

„Platzwart für einen Sportplatz gesucht. Kostenfreies Wohnen in einem Haus auf dem Sportplatz."

Vater sagte: „Ich bewerbe mich. Ich werde Platzwart."

„Unsinn", sagte Mutter, „du bekommst bestimmt irgendwann eine Anstellung an einer Universität, vielleicht klappt es ja in Zürich."

„Nein", antwortete Vater, „ich mach das erst mal, denn nur so kriegen wir einen Platz für Rudi. Und Platzwart ist nicht das Schlechteste. Nebenher kann ich ja weiter an meinen Übersetzungen arbeiten."

Wir waren begeistert. Nur Mutter guckte sehr traurig und nahm die Hand von Vater und drückte sie kräftig. Dann stand sie auf, fast schien es, als wollte sie weinen.

Vater rief am Montag, als wir wieder in der Schule waren, den Verein HEBC an um sich zu bewerben. Die waren erst etwas misstrauisch, weil er so einen komischen Beruf hatte, Ägyptologe, aber nachdem er ihnen gesagt hatte, er habe auch schon mal in Ägypten eine Ausgrabung mitgemacht, also viel mit Sand zu tun gehabt, da sagten sie zu.

Und das Tollste war, wir konnten gleich in das Haus einziehen, weil der alte Platzwart über Nacht verschwunden war. Der hatte nämlich im Lotto gewonnen und war auf eine Weltreise gegangen.

„Das nenne ich Schwein", sagte Vater, „denn auch Rudi Rüssel kann bei uns wohnen. Allerdings verlangt der Vereinsvorstand innerhalb von einem Monat einen Nachweis, dass das Schwein für eine künstlerische Tätigkeit gebraucht wird. Dann und nur dann dürfen wir Rudi auf dem Sportplatz behalten."

„Künstlerische Tätigkeit, was heißt denn das? Soll Rudi als Feuerschlucker auftreten?"

„Ich weiß auch nicht, was damit gemeint ist, jedenfalls ist das von der Behörde vorgeschrieben, dass ein Schwein auf einem Sportplatz in der Stadt nur dann gehalten werden darf, wenn es für eine künstlerische Tätigkeit gebraucht wird. Seilspringen vielleicht oder auf Stelzen gehen. Wir müssen eben etwas finden, was Rudi machen könnte. Dann lassen wir ihn zweimal bei dem Vereinsfest auftreten und damit wird Rudi als Kunst-Schwein anerkannt. Wir haben ja noch einen Monat Zeit."

Der Sportplatz lag mitten in der Stadt und war von großen Mietshäusern umgeben. Es war ein einfacher Fußballplatz ohne Tribünen. Am Rande standen zwei kleine Gebäude, auf der einen Seite ein kleines Klubrestaurant und auf der anderen Seite, in einem kleinen Garten, das Haus für den Platzwart, daneben ein Schuppen, in dem die Kreidesäcke, die Netze für die Tore und die Geräte für die Platzpflege untergestellt waren. Neben unserem

Haus waren dann auch noch die Duschen und Umkleidekabinen für die Fußballspieler. Nun war Vater plötzlich Platzwart auf einem Fußballfeld.

Das war für uns natürlich ganz toll. Denn wir konnten Fußball spielen, so viel wir wollten, nur dann nicht, wenn trainiert oder ein Spiel ausgetragen wurde. Das war manchmal am Mittwoch, immer aber am Sonntag, dann spielten nämlich die Vereine der Amateurliga. Die Leute aus den umliegenden Häusern konnten von ihren Fenstern und Balkonen aus zusehen, ohne dafür etwas zahlen zu müssen.

Wenn die Sonne schien, staubte es mächtig, regnete es, dann verwandelte sich der Platz in ein dunkelgraues Schlammfeld. Vaters Aufgabe war es nun, vor jedem Spiel das zertretene Fußballfeld wieder zu glätten, und er musste die weißen Linien des Spielfelds nachziehen, also die Seitenlinien, die Mittellinie, aber auch die Strafraum- und Torraumlinien. Vater hatte dafür einen kleinen roten Traktor, hinter dem er ein Stahlnetz schleppte, und mit diesem Netz glättete er den von den Fußballstiefeln zerstampften Boden.

War der Boden glatt, dann wurde an den Traktor eine kleine zweirädrige Maschine gehängt, mit einem Blechkasten und einem Trichter, der auf den Boden zeigte. In den Blechkasten wurde Kreidestaub geschüttet, der, wenn man auf einen Knopf drückte, herausrieselte, so wurden die Linien weiß nachgezogen.

Vater fuhr also mit dem Traktor die Linien ab. Natürlich durfte er dabei nicht zickzack fahren. Er sagte immer, die Arbeit habe ja überhaupt nichts mit dem zu tun, was er einmal studiert habe, aber immerhin sei es eine Arbeit, bei der man viel an der frischen Luft sei. „Und das ist doch wenigstens etwas."

Aber manchmal stieg er von seinem Traktor, mitten beim Ziehen der Kreidelinie, und lief ins Haus. Dann sah man ihn, wie er an seinen Schreibtisch ging, sich über seine Hieroglyphen beugte und etwas aufschrieb. Dann ging er wieder hinaus zu seinem Traktor. Wenn er anfuhr, blieb an der Stelle eine kleine weiße Zacke in der Linie. Wir konnten an den Linien genau sehen, wie oft er an seine Hieroglyphen gedacht hatte. Manchmal waren die Linien ganz gerade, manchmal waren viele kleine Zacken in den Linien. Und einmal fragte sogar ein Schiedsrichter vor Spielbeginn, ob Vater beim Nachzeichnen der Linien einen Schluckauf gehabt habe.

Rudi hatten wir in dem Geräteschuppen einen Verschlag aus Holz gebaut. Da lag er nachts drin. Tagsüber lief er in dem kleinen Garten herum und steckte seinen Rüssel in die Erde. Wir waren alle zufrieden: Vater verdiente Geld, wir konnten kostenlos in dem Haus wohnen, Mutter und wir Kinder hatten es nicht

weit zur Schule, und Rudi brauchten wir nicht mehr zu verstecken. Sorge machte uns nur, dass wir nachweisen mussten, dass Rudi kein gewöhnliches Hausschwein, sondern ein Schwein mit einer künstlerischen Beschäftigung sei.

„Künstlerische Beschäftigung, so was Beknacktes, wer sich so was nur ausdenkt", sagte Betti.

Mutter meinte, mit dieser Verordnung wolle man verhindern, dass man auf dem Sportplatz Schweine hält.

Es war Vater, der die rettende Idee hatte.

Wenn die Mannschaft unseres Vereins in ihren blau-weiß gestreiften Hemden am Sonntag spielte, dann kamen auch immer ein paar Zuschauer. Mal waren es nur zwanzig, mal waren es über achtzig. Und wir Kinder sahen dann ebenfalls zu, jedenfalls Zuppi und ich. Betti spielt Handball. Wenn also die Spieler auf dem Spielfeld hinter dem Ball herrannten, dann wurde Rudi im Garten des Platzwart-Hauses ganz aufgeregt. Er stand am Gartenzaun und trippelte hin und her.

„Der will auch zugucken", sagte Zuppi und nahm ihn beim nächsten Spiel mit an den Rand des Spielfeldes. Und da hättet ihr Rudi erleben müssen. Er kannte genau die Spieler unseres Vereins, denn er sah sie ja immer trainieren und in den Umkleidekabinen ein und aus gehen. Jetzt, da er bei einem Spiel zugucken durfte, rannte er, wenn unsere Vereinsmannschaft auf das gegnerische Tor zustürmte, in einem wilden Schweinsgalopp mit, dabei zog er Zuppi an der Leine hinter sich her. Die Zuschauer schrien und lachten, und es kam eine tolle Stimmung auf. So bekam auch unsere Mannschaft den richtigen Schwung und gewann das Spiel sehr hoch. Nach dem Spiel sagte Vater: „Ich hab's, Rudi muss ein Maskottchen werden."

Maskottchen, das sind Glücksbringer. Es gibt ja Vereine, die eine Ziege haben oder ein Pony und die diese Tiere sogar zu jedem Auswärtsspiel mitbringen, warum sollte unser Verein nicht ein Schwein haben? Schwein haben bedeutet doch Glück haben. Vater schlug dem Vereinsvorstand Rudi als Maskottchen vor.

Der Vereinsvorstand war, nachdem er den Trainer befragt hatte, einverstanden. So kam es, dass Rudi ein Fußballmaskottchen wurde. Und damit übte er auch eine künstlerische Tätigkeit aus. Die wurde vom Bezirksamt sofort anerkannt. Rudi bekam also eine von der Behörde bestätigte Genehmigung, dass er auf dem Sportplatz leben durfte.

Rudi war ein sehr erfolgreiches Maskottchen. Er nahm seine Aufgabe ernst. Er war nicht nur bei den Spielen dabei, sondern saß auch beim Training neben der Seitenlinie und beobachtete genau die Spieler, wenn sie hinter den Bällen herliefen, die ihnen der Trainer oder ein anderer Spieler zuschoss. Und manchmal, wenn ein Spieler zu langsam war, hielt es Rudi einfach nicht mehr, er rannte im Schweinsgalopp los, zum Ball, und stupste den mit der Schnauze an.

Dann sagte der Trainer: „Mensch, Jupp, nun war das Schwein wieder schneller. Mann, du musst durchziehen, volles Tempo."

Jupp lief nochmal los, diesmal so schnell er konnte. Und manchmal ließ der Trainer zum Aufwärmen seine Stürmer mit Rudi um die Wette laufen.

Das war natürlich ein Riesenspaß für die Fußballspieler. Die liefen, dass ihnen die Socken qualmten. Und nur ein Mann aus der Mannschaft war hin und wieder, aber nicht immer, etwas schneller als Rudi.

„Hätte ich nie gedacht", sagte der Trainer, „dass Schweine so schnell laufen können."

„Das ist kein normales Schwein, das ist ein Rennschwein", sagte dann jedes Mal Ewald, der Torwart.

Rudi machte also beim Training regelrecht mit und alle hatten ihren Spaß daran.

An den Sonntagen, wenn die Spiele der Amateurliga ausgetragen wurden, stand Rudi am Spielfeldrand. Er trug dann ein übergroßes Trikot in den Vereinsfarben. Das heißt, er stand nicht dort, sondern rannte aufgeregt hin und her, weil er immer wieder in das Spiel eingreifen wollte. Darum wurde ihm ein Ledergürtel als Halsband umgelegt und dann wurde er an einer langen Leine festgebunden.

Eines Tages stand ein ausführlicher Bericht über Rudi in einer Zeitung. Mit der Überschrift: *Das Trainingsschwein.*

Ein Bild zeigte Rudi im Trikot am Spielfeldrand, die Ohren aufmerksam hochgestellt.

Nach diesem Zeitungsbericht kamen sehr viel mehr Zuschauer zu den Spielen, darunter viele, die ihren Kindern einmal ein richtiges Schwein zeigen wollten.

Rudi brachte dem Verein also tatsächlich Glück, denn mit den Zuschauern wuchsen die Einnahmen und auch die Stimmen, die unsere Mannschaft mit dem Schlachtruf „Rudi vor, noch ein Tor!" anfeuerten. Die Mannschaft gewann fast alle Spiele. Kein Wunder, dass Rudi ganz aufgeregt wurde, wenn er diesen Schlachtruf hörte, dann zerrte er wie wild an der Leine und wollte ins Spiel eingreifen, besonders dann, wenn der Schiedsrichter das Spiel abpfiff.

Als wieder einmal der Schiedsrichter das Spiel mit seiner Trillerpfeife abpfiff, einen Fuß auf den Ball setzte, die gelbe Karte zückte und sie einem unserer Spieler vor die Nase hielt, sich dessen Nummer notierte, dabei die ganze Zeit den Ball mit dem Fuß festhielt, da riss sich Rudi von der Leine los, raste auf das Spielfeld, rannte den Schiedsrichter um, schnappte sich den Ball und lief damit zum gegnerischen Tor. Alle Spieler rannten hinter Rudi her. Sie redeten ihm zu, den Ball wieder herzugeben. Als er

ihn schließlich hinter der Torlinie fallen ließ, da war der Ball nur noch eine weiche Pflaume. Rudi hatte ihn durchgebissen.

Während der ganzen Zeit hatte der Schiedsrichter wie ein Verrückter auf seiner Trillerpfeife gepfiffen. „Das Schwein muss sofort vom Platz", schrie der Schiedsrichter.

Wir wollten Rudi wieder am Spielfeldrand festbinden, da brüllte der Schiedsrichter: „Das Schwein muss von dem Sportplatz verschwinden."

Das ging aber nicht, denn Rudi wohnte ja hier.

„Sofort einsperren", befahl der Schiedsrichter, „sonst geht das Spiel nicht weiter."

Wir zerrten Rudi vom Spielfeld. Er sträubte sich. Aber der Schiedsrichter war unerbittlich.

Rudi kam in den Garten. Dort saß er traurig am Zaun und verfolgte von fern das Spiel, das mit einem neuen Ball fortgesetzt wurde.

Schweine haben ein gutes Gedächtnis. Rudi schien ein besonders gutes zu haben. Von dem Tag an hatte er etwas gegen Schiedsrichter. Und da die Linienrichter ebenfalls schwarz gekleidet sind, auch gegen Linienrichter. Genau genommen gegen jeden Mann, der ein schwarzes Hemd und kurze schwarze Hosen trug. Rudi zeigte, wenn er auch nur von der Ferne einen sah, die Zähne.

Er konnte natürlich nicht verstehen, warum er vom Platz gewiesen worden war. Er glaubte wohl, so stelle ich mir vor, dass dieser schwarze Mann, der immer zwischen den Spielern hin und her lief und niemals selbst mit dem Ball spielte, sondern im Gegenteil immer mit seiner Trillerpfeife das Spiel unterbrach, ein Spielverderber sei. Meistens ärgerten sich ja auch die Spieler und sie zeigten das auch, gestikulierten wild herum, schimpften, und Rudi verstand, dass sie mit diesem schwarzen Mann nicht einverstanden waren.

Es war der erste Platzverweis in der Geschichte des deutschen Fußballs gegen ein Maskottchen, wie uns Vater an demselben Abend noch erzählte.

Rudi war für drei Spiele gesperrt worden. Also blieb er an drei Sonntagen im Garten eingeschlossen und verfolgte von dort die Spiele. Alle drei Spiele verlor unser Verein. Wir sagten, das liegt an Rudi. Rudi fehlt, darum hat unsere Mannschaft Pech.

„Unsinn", sagte Vater, „das ist Aberglaube. In der Mannschaft sind zwei Spieler verletzt. Und dem Torwart ist die Frau weggelaufen. Der denkt immer an seine Frau und greift daneben."

Beim vierten Spiel war Rudi wieder dabei.

Um das, was dann geschah, zu verstehen, muss man wissen, dass Rudi gleich zu Anfang mit einem Linienrichter einen Zusammenstoß hatte. Rudi saß wie immer am Rand des Spielfelds, als der Linienrichter, der das Spiel beobachtete, über ihn stolperte. Der Linienrichter scheuchte Rudi zurück, ja, er trat sogar nach Rudi. Er hatte ihn nicht richtig getreten, aber Rudi hatte verstanden und fletschte die Zähne.

Wir mussten Rudi etwas kürzer binden. Aber dann kam der Linienrichter wenig später unglücklicherweise erneut in die Nähe von Rudi, hob sein Fähnchen und das Spiel wurde abgepfiffen. Der Ball war ins Aus gegangen. Wir konnten später alle nur bestätigen, dass der Linienrichter lediglich seine Pflicht getan hatte. Nur Zuppi behauptete steif und fest, der Ball sei gar nicht ins Aus gegangen, Rudi habe das gesehen und sei deshalb auf den Linienrichter losgegangen. Jedenfalls riss Rudi dem Linienrichter, der ahnungslos vor ihm stand, mit einem einzigen Biss die Hose vom Hintern. Das Spiel wurde sofort abgepfiffen. Der Schiedsrichter kam und wollte Rudi vom Platz weisen, aber es gelang Zuppi, den Schiedsrichter davon zu überzeugen, dass Rudi den Mann nicht böswillig, sondern aus Begeisterung angesprungen habe.

„Der Mann sieht dem Bauern ähnlich, bei dem Rudi einmal im Stall gestanden hat."

„Gut", sagte der Schiedsrichter, „ich drück nochmal ein Auge zu."

Das Spiel ging weiter, aber wenige Minuten darauf, unsere Mannschaft hatte schon wieder ein Tor kassiert und schimpfte über eine Entscheidung des Schiedsrichters, da packte Rudi den Linienrichter, der bei ihm vorbeiging, abermals an der Hose und riss sie ihm, weil der Mann sie diesmal festhielt, sogar in Streifen.

Es war fürchterlich. Das Spiel wurde abgepfiffen.

„Ein tollwütiges Schwein", schrie der Linienrichter immer wieder. Alle, die Spieler, die Zuschauer, die Linienrichter, liefen zusammen, schrien durcheinander. Der Schiedsrichter ließ die Polizei holen. Rudi wurde vom Platz geschleppt, in dem Schuppen eingesperrt und man nahm sogar eine Probe seines Speichels, weil man glaubte, er sei tollwütig.

Das war das Ende von Rudis Laufbahn als Maskottchen.

Toni Löffler

Nicki stürmt nach vorn

Die beiden Buben fieberten dem Freitag entgegen. Vor lauter Aufregung konnte Nicki sein Mittagessen nicht herunterbringen, obwohl es Kartoffelsuppe mit Würstchen gab, die in seiner Wertschätzung gleich nach den Kartoffelpuffern kam.

„Wenn ich zum VfB zum Training müsste, dann würde ich trotzdem Suppe essen", stichelte Julia.

„Pah!", machte Nicki. „Was wissen schon kleine Mädchen, die gerade mal fünf Jahre alt sind!"

„Ich bin nicht klein und ich will auch Fußball spielen!", maulte Julia.

„Das ist nichts für Mädchen", sagte Nicki stolz.

„Es gibt auch Mädchen, die im VfB spielen", erklärte die Mutter, „wenn auch nicht so viele. Im nächsten Jahr kommst du in die Schule, Julia, und einige Monate später könntest du im VfB anfangen, wenn du dann noch willst. Zufrieden?"

Es ist nicht immer leicht, der große Bruder einer kleineren Schwester zu sein. Darüber hatte sich Nicki oft beklagt. Heute war er ausnahmsweise einmal mit diesem Schicksal zufrieden, konnte er doch lange vor Julia damit beginnen, Fußball im Verein zu spielen. Sollte Julia wirklich Fußballerin werden, dann hatte er schon einen großen Vorsprung vor ihr.

Am frühen Nachmittag erschien Oliver bei den Bauers. Frau Bauer wollte mit beiden Jungen zum Training gehen, während

Julia solange bei einer Nachbarin blieb. Unterwegs waren die zwei neuen Fußballspieler merkwürdig einsilbig. Hatten sie etwa Angst? Fürchteten sie sogar, den Anforderungen nicht gewachsen zu sein?

Herr Wandlinger begrüßte Oliver und Nikolaus sehr freundlich. Als die E-Jugend angetreten war, stellte er der Gruppe die beiden Neuen vor.

„Hi, Jungs!", sagte er. „Dies sind der Oliver und der Nikolaus. Wir werden sie der Kürze wegen Olli und Nicki nennen, so, wie sie auch zu Haus gerufen werden. Ab heute werden sie mit uns trainieren und werden hoffentlich bald eine unserer Mannschaften verstärken. So, Nicki und Olli, jetzt sollt ihr auch die anderen kennen lernen. Falko Müller ist der größte, dann folgen Hannes Meinecke und Ingo Siebler. Hier kommen Benjamin Schmidt und Hartmut Steinborn, danach Bruno Matthes und Tonio Benedetti. Dann haben wir noch Sascha Ahrens, Paul Hirtner, Sebastian Kaufmann und René Sander."

„Oje", sagte Nicki verzagt. „Ob ich mir die vielen Namen alle merken kann?"

„Das musst du nicht heute und auch noch nicht beim nächsten Mal können, Nicki", beruhigte Herr Wandlinger den Jungen. „Du wirst bald alle Namen wissen. Übrigens, ich heiße Dietmar. Wir sind doch Fußballfreunde und darum nennen mich alle beim Vornamen. O. K.?"

„O. K., Dietmar", sagte Nicki.

Und dann begann das Training. Mit dem Aufwärmen fing es an. Jeder Junge bekam einen Ball, den er mal mit dem rechten und mal mit dem linken Fuß vor sich herführte. Dann wurden sie alle zu Zauberlehrlingen, die den Ball mit dem Fuß jonglierten. Danach sollten sie den Ball mit der Hand in die Höhe werfen und erst mit dem Fuß und dann mit der Sohle stoppen. Schließlich musste der Ball hochgeworfen und mit der Brust oder gar mit dem Kopf angenommen werden.

Wenn Herr Wandlinger – Verzeihung, Dietmar – das vormachte, sah das alles ganz leicht und spielerisch aus. Aber wenn die Kinder es nachmachen sollten, dann war es doch schwieriger, als sie geglaubt hatten. Nicki und Olli verloren mehrmals den Ball und mussten ihm nachlaufen. Mit puterrotem Kopf versuchten sie das Missgeschick wieder gutzumachen, aber ihre Kräfte erlahmten bald. Sie waren froh, als Dietmar die nächste Aufgabe verkündete:

„Jetzt wollen wir unsere Technik im Spiel verbessern. Heute spielen wir vier gegen vier auf zwei Tore und außerdem drei gegen drei. Das machen wir fünf Minuten lang, dann wechseln wir die Mannschaften. Achtet auf euren Nebenmann und spielt ihm gut zu. Jeder versucht mindestens ein Tor zu schießen!"

Dietmar teilte die Mannschaften ein und dann kam der Augenblick, auf den Nicki schon seit Beginn der Trainingsstunde gewartet hatte. Er durfte endlich Tore schießen! Sein Mitspieler – war es Hartmut? – hatte ihm sehr ungenau einen Pass zugespielt. Traute er dem Neuen etwa nichts zu? Aber Nicki blieb aufmerksam. Er ließ den Ball nicht aus den Augen und trat im richtigen Augenblick zu. Sein Schuss landete mit so viel Wucht im Tor, dass der Torhüter nur verdutzt hinterherschauen konnte. Es gelangen Nicki noch zwei weitere Tore bei diesem ersten Fußballtraining in der E-Jugend des VfB. Er war damit der Schützenkönig des Tages. Beifall lehnte er jedoch ab, so etwas machte ihn immer verlegen. Er war schon froh, wenn er mithalten konnte.

Die Übungsstunde klang aus mit einem lockeren Trab, wobei jeder Spieler einen Ball vor sich herdribbelte.

Frau Angela Bauer hatte das ganze Training vom Rande des Spielfelds aus beobachtet. Sie konnte sich nicht genug über ihren Sohn wundern. Sie verstand jetzt, dass ihm die kurzen Schulpausen nicht ausreichten, um „wie ein Profi" Fußball zu spielen. Sie war sehr froh, dass sie ihm das Spielen im Verein erlaubt hatten.

Herr Wandlinger sprach ein paar Worte mit ihr, als sich die Kinder umzogen.

„Na, was sagen Sie nun zu Ihrem Filius?", fragte er gut gelaunt.

„Ich bin einfach platt. Ich wusste ja nicht, dass es ihm so ernst ist mit dem Spiel."

„Ja, er hat gute Anlagen. Aber das allein genügt noch nicht. Er braucht Ausdauer, Begeisterung, Fleiß und vieles mehr. Er muss Enttäuschungen und Misserfolge wegstecken können. Mal sehn, was aus ihm wird. Heute freuen wir uns jedenfalls über den erfolgreichen Anfang."

Erhitzt und mit hochrotem Kopf stürzte sich Nicki in die Arme seiner Mutter.

„Das war richtig toll, Mutti! Ich freue mich schon auf das nächste Mal."

Am Rande des Spielfeldes wartete noch eine Überraschung auf ihn. Sein Vater, der am Freitagnachmittag früher Dienstschluss hatte als an den übrigen Tagen, war mit Julia gekommen, um noch den letzten Teil des Trainings mitzuerleben. Nicki bekam Glückwünsche und viel Anerkennung. Zur Belohnung führte Vati die ganze Familie mitsamt Oliver in eine Eisdiele, wo das große Ereignis gefeiert wurde.

Olli blieb merkwürdig still, als er sein Spagetti-Eis löffelte.

„Hat es dir nicht gefallen, Oliver?", fragte Frau Bauer. „War es zu anstrengend?"

„Ich habe kein Tor geschossen", sagte er kläglich. „Und eins sollte doch jeder Spieler schaffen."

„Aber Olli!", beruhigte ihn Herr Bauer. „Das gilt doch nur für die anderen, die schon länger dabei sind. Die Neulinge müssen es erst noch lernen."

„Nicki ist auch neu. Aber er hat die meisten Tore geschossen."

„Mensch, das war vielleicht Zufall", tröstete Nicki den Freund.

„Wahrscheinlich hat dein Nebenmann dir schlecht zugespielt. Oder du hattest gerade den besten Tormann gegen dich. Beim nächsten Mal kann es schon umgekehrt sein. Dann machst du die Tore und ich schieße keins."

„Meinst du wirklich?", fragte Oliver, der wieder Hoffnung schöpfte.

„Wie hat es dir denn gefallen, Julia?", fragte Nicki seine Schwester.

„Toll!", antwortete sie. „Richtig toll war es. Das sah aus … wie im Fernsehn, wenn die Großen Fußball spielen."

Noch im Bett dachte Nicki an diesen unvergleichlichen Nachmittag, der – hoffentlich – der Beginn seiner Fußballkarriere werden sollte. Er wusste, dass noch ein weiter Weg vor ihm lag, aber er hatte auch sein nächstes Ziel klar vor Augen: Er wollte so bald wie möglich bei einem richtigen Wettkampf eingesetzt werden!

Volker W. Degener

Die anderen

Mein Sohn klopfte mir auf den Bauch.

„Ab heute trainiere ich für die Bundesliga", sagte er. Ich hatte es mir gerade bequem gemacht in meinem Feierabendsessel. Bernie ließ seinen Fußball von meinem Brustkorb bis zu den ausgestreckten Füßen rollen, lief einmal um mich herum und stoppte den Ball mit dem linken Fuß.

„Ich brauche nur noch einen vernünftigen Trainer."

„Mit zehn Jahren brauchst du noch keinen Trainer", warf ich ein, denn ich ahnte Schlimmes. „Mit zehn bestimmt noch nicht."

„Man soll so früh wie möglich anfangen. Systematische Aufbauarbeit", sagte er und diesmal kullerte der Ball von mir herunter und quer durchs Wohnzimmer.

Bernie sah mit seiner blauen Turnhose, dem grünen Pulli und den roten Socken abenteuerlich aus. Da war so was von Entschlossenheit in seinem Gesicht, dass ich mir unmöglich vorstellen konnte ihn bald wieder loszuwerden. Stöhnend erhob ich mich. „Also, wo geht's zum Stadion?" Er sauste mit seinen Tennisschuhen hin und her, machte Lockerungsübungen, während ich mich maulend umzog. „Kinder kommen immer zur falschen Zeit", brummte ich und meinte das auch so.

Auf dem Spielplatz neben der Schule war nichts los. Bernie ließ sich davon aber nicht beeindrucken. Unterwegs hatten wir den Ball schon ein paar Mal hin und her gekickt und jetzt ging's auf dem verstaubten Rasenrest weiter. Viel Spaß machte mir das eigentlich nicht, in dem grün gestrichenen Drahtkäfig. Außerdem fiel mir als Trainer verdammt wenig ein.

Bis Andreas und Robbi auftauchten. Da hatten wir schon mal acht Fußballbeine zusammen, zwei Minimannschaften. Vier Holzstücke, die wir mit einem Stein in den Boden rammten, ergaben zwei kleine Tore.

„Optimal! Die beiden tricksen wir doch aus!", strahlte Bernie übers ganze Gesicht. „Nach Strich und Faden machen wir die fertig."

Aber Andreas und Robbi verstanden sich prächtig. Sie hatten sogar Puste für richtige Sololäufe. Vater und Sohn kassierten gleich ein Tor und dann noch eins. Wir pfiffen schon aus dem letzten Loch, als wir 0:3 zurücklagen und Bernie endlich den Anschlusstreffer schaffte.

„Pause!", riefen Andreas und Robbi gleichzeitig.

Da tauchten drei fremde Gesichter hinter dem Maschendraht auf. Andreas nahm sofort den Ball unter den Arm.

„Können wir mitspielen?", fragte der kleinste von den dreien, die so um die zwölf waren.

Alle trugen dieselben verwaschenen roten T-Shirts, die mindestens eine Nummer zu groß waren. Meine Leute verhielten sich ganz eigenartig. Andreas ließ den Ball nicht mehr los, Robbi drehte ihnen den Rücken zu und Bernie wurde blass.

„Die sind aus der Papageiensiedlung!", zischte er durch die Zähne. Seine Augen waren plötzlich so hilflos, wie ich das gar nicht bei ihm sehen mochte. Anscheinend kapierte ich nicht schnell genug, was er meinte.

„Mensch, das sind die drei Schlimmsten der ganzen Schule! Schlägertypen aus der fünften Klasse. Mit denen kann man sich auf nichts einlassen. Die machen uns alle!"

Da stand ich zwischen diesen sechs fußballbegeisterten Jungen und wusste nicht weiter. Schließlich schnappte ich mir kurz entschlossen den Ball.

„Okay", sagte ich laut und möglichst unbekümmert, „versuchen wir's also!"

Die drei sausten durch die Maschendrahttür, schlenkerten zum Warmmachen mit Armen und Beinen, legten kurze Sprints hin und stellten sich dann mit ziemlich finsteren Mienen vor einem der Tore auf.

„Also, wer ist der Kapitän?", fragte ich den Größten.

„Ich."

„Gut, dann lasst uns ein faires Spielchen machen. Ihr drei seid älter als meine Mitspieler, aber dafür haben wir einen mehr. „Ihr habt Anstoß."

Der Kapitän schmunzelte mitleidig, als ich ihm den Ball zuwarf und mich vor unser Tor zurückzog.

Bernie mochte gar nicht an den Ball heran. Er schob ihn einfach nur weiter. Sogar Andreas und Robbi beschränkten sich auf ein hastiges Abspielen. Sie vermieden jeden Zweikampf und ich hatte Mühe, die scharfen Schüsse der Spieler mit den roten Hemden abzuwehren. Meine Mannschaft war noch stocksteif.

„Los, lauft euch frei! Besser zuspielen. Ganz direkt spielen, das könnt ihr doch!"

Sie sahen mich stumm an. Ich rannte, kommandierte, hielt und schoss. Meine langen Pässe kamen selten an. Alles klebte an mir und einen Moment lang dachte ich dran, dass ich mich jetzt noch mehr plagte als schon bei meiner Arbeit. Ich gab bestimmt ein irres Bild ab. Besonders in dem Moment, als die drei Rothemden mich regelrecht ausspielten und das erste Tor machten.

„Lass uns lieber aufhören", flüsterte Bernie, als wir den Ball aus der Weißdornhecke holten. „Wenn wir bei denen ein Tor schießen, gibt's Stunk."

„Ach Quatsch!"

„Da kannst du Gift drauf nehmen!"

So gut es ging, legte ich noch einen Zahn zu. Nach einem wahnwitzigen Slalomlauf brachte ich den Ball mit letzter Kraft vor Robbis Füße. Er kickte ihn glatt in den Kasten. Ich machte einen Luftsprung. So einen Bundesligasprung, nur nicht so hoch. Meine Leute freuten sich allerdings nur mäßig. Sie ließen ihre Gegner nicht aus den Augen. Andreas tippte auf seine Armbanduhr. „Ich muss weg, muss pünktlich zu Hause sein."

„Ach komm, noch 'ne Viertelstunde", sagte einer von der anderen Mannschaft. „So genau kommt das doch nicht."

Sie legten sofort wieder los. Andreas blieb gar nichts anderes übrig als weiterzuspielen.

Als Bernie einmal beim Fummeln umkippte, zog ihn der Gegenspieler gleich vom Boden hoch. Er sprach uns sogar einen Strafstoß zu. Der brachte allerdings nichts ein. Meine Jungs hatten einfach Blei in den Beinen. Nach zwei mit Glück abgewehrten Angriffen sauste mir der Ball schließlich durch die Beine. Schmunzelnd schlugen sich die roten Wiesel auf die Schulter. Mir tropfte der Schweiß in die Augen. Aber aufgeben wollte ich auf keinen Fall.

Es war bestimmt nur Zufall, dass Bernie nach ein paar Minuten einen Abpraller voll erwischte, ihm die entscheidende Richtung gab und der Ball seelenruhig ins verlassene Tor kullerte. Auch diesmal blickte er zuerst auf seine Gegner, die ihren Fehler sofort mit einem Gegenzug wettmachen wollten. Er freute sich viel weniger, als ich das an ihm kannte.

„Ich hau jetzt ab!", verkündete Andreas unwiderruflich.

Er zischte auch gleich davon. Na ja, auf unserer Seite waren alle irgendwie froh, dass die Sache zu Ende war.

„Wie ist das", fragte der Kapitän der anderen Seite, „seid ihr am nächsten Samstag wieder hier?"

„Klar!", verkündete ich, bevor sich jemand was anderes einfallen lassen konnte.

„Okay, gleiche Zeit wie heute."

Er kam extra auf mich zu und gab mir die Hand. Jetzt hatte er ein ganz offenes Gesicht. Auch meinen Mitspielern schüttelte er die Hand. Robbi sah auf seine Finger. Als ob ihm einer vielleicht geklaut worden wäre.

„Ganz bestimmt", sagte ich. „Bis jetzt steht's ja unentschieden."

Ich fühlte mich kaputt und stark zugleich. Da war etwas in Bewegung geraten. Nicht nur mein Bauch.

Auf dem Rückweg wollte ich Bernie eigentlich etwas über Wut und ihre Ursachen erklären, über Ungerechtigkeiten und Wut. Dazu wären ungeheuer viel Worte nötig gewesen, bei mir jedenfalls. Als ich in Bernies rotes Gesicht unter der verschwitzten Mähne sah, ersparte ich mir dann jede Erklärung.

„Das hätte ich nicht gedacht. Ging doch prima", begann er nämlich und tickte den Ball ein paar Mal auf.

„Wirklich? – Und wie war das mit dem todsicheren Stunk?"

„Ja, schon kapiert. Ist doch klar, dass wir am nächsten Samstag wieder mitmachen. Und am übernächsten auch."

Hermann Kasack

Der Ball spielte mit den Menschen

Kaum hatte der Schiedsrichter das Spiel auf dem Fußballplatz angepfiffen, als die einheimische Mannschaft, von der Zuschauermenge mit hin- und hergeschwenkten Papierfähnchen, Kindertrompeten und lauten Zurufen angefeuert, Angriff auf Angriff an den Strafraum des gegnerischen Tors herantrug.

In einem Augenblick höchster Gefahr lenkte der linke Verteidiger der IFE-Mannschaft das Leder über die eigene Torlinie in das rettende Aus. Dadurch hatte er einen Eckball zugunsten der „Thusnelda" erwirkt, den der beliebte halbrechte Stürmer treten sollte. Aber dieser schaute vergeblich nach dem Leder aus. Der Ball blieb unauffindbar.

Die Spieler sahen sich verdutzt an. Endlich warf einer der Linienrichter einen Ersatzball ins Feld und das Spiel nahm seinen Fortgang. Aber kaum war das Leder wiederum in weitem Bogen in das Aus geflogen, blieb auch dieser Ball verschwunden. Die Zuschauer wurden unruhig, Pfiffe des Missfallens gellten über den Platz.

Als das Spiel mit einem weiteren Ersatzball aufgenommen wurde, nutzte die Mannschaft des IFE die Verwirrung der gegnerischen Elf aus und schoss nach einer schön hereingegebenen Flanke des Linksaußen durch den Mittelstürmer das ersehnte Tor. Die Leute der „Thusnelda" sahen sich bedrängt. Aber der nächste Schuss ging unter dem Aufschrei des Publikums, das schon das Zwei zu Null fürchtete, neben der Latte weit ins Aus – und der Ball ward nicht mehr gesehen.

Erst nach einer längeren Unterbrechung gelang es dem Schiedsrichter, das Spiel mit Hilfe des letzten Reserveballs erneut in Gang zu bringen. Die Mannschaften, ängstlich darauf bedacht, das Leder nur nicht wieder aus dem Spielfeld zu befördern, bewachten sorgfältig den Ball, verlangsamten das Tempo und spielten in vorsichtigen Kombinationen einander gemächlich das Leder zu.

Die Menge, die sich durch diese Zeitlupentaktik um den Nervenkitzel des Rauschs betrogen sah, begann zu johlen und Schmährufe auszustoßen. Auf die Ermahnung des Schiedsrichters hin nahm das Spiel wieder ehrliche Formen an. Als nach wenigen Minuten der Halbrechte den Ausgleichstreffer für „Thusnelda" erzielte, verwandelte sich der Unwillen der Massen sogleich in flutende Begeisterung.

Dann aber geschah, was zu erwarten war. Der Ball sauste wieder in weitem Flug ins Aus. Während Spieler beider Mannschaften ihm nachjagten, sprangen die Zuschauer der Tribünen erregt auf die Bänke. Ein Taumel ergriff die Menge. Aber schon hatte der Schiedsrichter das Spiel wieder angepfiffen. Diesmal hatte sich der Ball nicht verloren. Er wurde gerade vom Verteidiger der „Thusnelda" gestoppt, als vor dem Tor des IFE ein zweiter Ball ins Spiel geriet, den die dort Lauernden für den rechten hielten, sodass, bevor der Schiedsrichter die Lage erkannte, unter ungeheurem Vergnügen des Publikums beide Mannschaften gleichzeitig ein wohlverdientes Tor schossen. Damit nicht genug. Sobald ein Spieler unbeschäftigt stand, flog ihm von ungefähr ein weiterer Ball vor die Füße, sodass sich zeitweilig drei, vier Bälle im Feld befanden. Unter diesen Umständen hatte jeder der beiden Tor-

warte Mühe, sein Heiligtum rein zu halten. Obwohl der Schiedsrichter das Spiel längst abgepfiffen hatte – es konnte ohnehin nicht mehr viel an der Halbzeit fehlen –, ließ sich der Eifer der jetzt auf Hochtouren gekommenen Mannschaften nicht beirren. Misslang dem ersten Ball das Ziel, krönte der Nachschuss des zweiten die eingeleitete Aktion. Der Ball spielte mit den Menschen.

So war es kein Wunder, dass bald passionierte Zuschauer von der magischen Kraft des Fußballs so angezogen wurden, dass sie auf das Spielfeld liefen und sich am Kampf beteiligten. In dem Trubel fiel es kaum auf, dass sich die Mannschaft des IFE längst zurückgezogen hatte.

René Goscinny

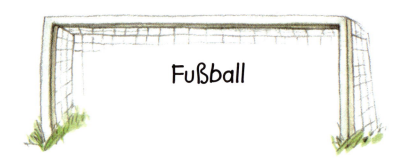

Fußball

Ich bin auf unserm Platz gewesen mit den andern: Franz, Georg, Otto, Adalbert und Roland, Max und Joachim. Ich weiß nicht, ob ich schon von meinen Kameraden erzählt habe, aber von dem Platz bestimmt. Da ist es nämlich ganz prima und wir haben eine Menge Sachen zum Spielen: leere Konservenbüchsen, Steine, Katzen, Stöcke und ein altes Auto. Ein richtiges Auto, nur, dass es keine Räder mehr hat, aber das macht nichts, wir setzen uns immer rein und machen „wrumm –wrumm" und spielen Autobus und Flugzeug. – Das ist große Klasse!

Aber diesmal haben wir nicht mit dem Auto gespielt, sondern Fußball. Otto hat einen Ball und er lässt uns mitspielen, wenn er im Tor sein darf, nämlich der Otto ist ein bisschen bequem und Stürmer oder Läufer ist ihm zu anstrengend. Georg hat wie ein richtiger Profi ausgesehen, er hat ein weiß-rotes Trikot angehabt, eine rote Hose und dicke rote Wadenstrümpfe mit Beinschonern und tolle Fußballschuhe mit richtigen Klötzen drunter! Georgs Vater ist ganz toll reich und er kauft alles, was Georg sich wünscht. Eigentlich hätten wir andern die Beinschoner haben müssen, nämlich Georg ist ein „harter Spieler" – so heißt es immer im Radio. Ich glaube, es liegt an den Fußballschuhen.

Wir haben unsere Mannschaft aufgestellt: Otto im Tor, Franz und Adalbert Verteidigung, nämlich bei Franz traut sich keiner vorbei, er ist sehr stark und alle haben Angst vor ihm und er ist

auch ein „harter Spieler", glaube ich. Adalbert haben wir in die Verteidigung gestellt, damit er uns nicht im Weg ist, und außerdem darf man ihn nicht anrempeln, weil er eine Brille trägt und bei jeder Gelegenheit losheult, und deshalb nehmen die andern sich in Acht. Für die Läuferreihe haben wir Roland, Chlodwig und Joachim aufgestellt, die müssen uns die Steilvorlagen geben und manchmal gehen sie als Halbstürmer mit nach vorn. Im Sturm hatten wir nur drei, nämlich mehr waren nicht übrig. Aber der Sturm ist prima: Max – der hat lange Beine und dicke schmutzige Knie und kann ganz toll schnell laufen. Und dann ich – ich hab einen Bombenschuss: zack – und Tor! Na, und Georg, weil er doch die Fußballschuhe hat und überhaupt, er sieht aus wie ein richtiger Stürmer. Unsere Mannschaft, die ist ganz prima!

„Los, anfangen!", hat Max gerufen.

„Flanke!", hat Joachim geschrien.

Wir haben schon richtig Spaß gehabt, dass es anfängt, aber auf einmal hat Georg gesagt: „He, Jungens, gegen wen spielen wir denn? Wir müssen doch noch eine zweite Mannschaft haben!" Da hat er Recht gehabt, der Georg, nämlich es ist auch wahr, es macht keinen Spaß, wenn man sich nur zuspielt und nachher weiß man nicht, wohin mit dem Ball. Ich habe gesagt, am besten, wir teilen die Mannschaft, aber Chlodwig hat gesagt, so eine gute Mannschaft wird nicht geteilt. Und es ist so gewesen wie beim Cowboyspielen, keiner will der Feind sein.

Aber da sind die von der anderen Schule gekommen. Wir können sie nicht leiden, weil sie doof sind und nicht von unserer Schule. Aber sie kommen oft auf unseren Platz und sagen, das ist unser Platz, und wir sagen nein, das ist unser Platz, und dann geht es rund und wir müssen sie verhauen. Aber diesmal waren wir ganz froh, dass sie gekommen sind.

„He, Jungens", habe ich gerufen. „Wollt ihr gegen uns spielen? Wir haben einen Ball!"

„Gegen euch? Pöh – da muss ich ja lachen", hat einer von der anderen Schule gesagt, ein Langer mit roten Haaren wie Tante Klarissa, aber bei Tante Klarissa sind sie erst seit einem Monat rot und Mama hat es mir erklärt. Sie hat gesagt, es ist Farbe und man kann es beim Friseur machen lassen.

„Und warum musst du lachen, du Trottel?", hat Roland gerufen.

„Weil ich dir gleich eine reinhaue, deshalb", hat der mit den roten Haaren gesagt.

„Und außerdem", hat ein anderer gesagt, so 'n Großer mit vorstehenden Zähnen, „außerdem könnt ihr abhauen, das ist unser Platz, klar?"

Adalbert wollte schon gehen, aber wir haben gesagt, von wegen!

„Pech, mein Herr", hat Chlodwig gesagt, „der Platz gehört uns! Aber ich weiß, was los ist: Ihr habt Angst gegen uns zu spielen, weil wir eine Klasse-Mannschaft haben!"

„Eine Käse-Mannschaft", hat der Große mit den Zähnen gesagt und sie haben alle gelacht, ich auch, nämlich es war auch komisch. Aber Franz hat einem von den Kleinen eins mit der Faust auf die Nase gegeben. Der Kleine hat bloß dabeigestanden und nichts gesagt, aber wir wussten ja nicht, dass es der Bruder von dem Großen mit den Zähnen war. Und da ist es natürlich losgegangen.

„Mach das nochmal", hat der Große zu Franz gesagt.

„Du hast wohl 'n Knall", hat der Kleine gesagt und er hat sich die Nase gehalten und Georg hat den mit den roten Haaren wie Tante Klarissa getreten.

Da haben wir uns alle gehauen, außer Adalbert, der hat bloß immer geschrien: „Meine Brille! Vorsicht! Ich trage eine Brille!"

Es war ganz prima und auf einmal ist mein Papa auf den Platz gekommen.

„Man hört euer Gebrüll schon kilometerweit – ihr schreit ja wie die Wilden!", hat Papa gerufen. „He, Nick – ist dir eigentlich klar, wie spät es ist?" Und Papa hat den dicken Kerl, mit dem ich mich gehauen hab, am Kragen hochgehoben.

„Lassen Sie mich los", hat der Dicke gebrüllt, „das sage ich meinem Vater, der ist Gerichtsvollzieher und dann können Sie aber Steuern zahlen, bis Sie schwarz werden!"

Papa hat den Dicken losgelassen und er hat gesagt: „So, Schluss jetzt. Es ist schon spät, eure Eltern werden sich Sorgen machen, wo ihr steckt. Warum müsst ihr euch eigentlich immer schlagen? Könnt ihr nicht anständig miteinander spielen?"

„Wir haben uns verhauen", habe ich gesagt, „nämlich die andern haben Angst gegen uns Fußball zu spielen."

„Angst? Wir haben Angst? Wir?", hat der Große mit den Zähnen gerufen. „Pöh!"

„Na schön", hat Papa gesagt, „und warum spielt ihr nicht, wenn ihr wirklich keine Angst habt?"

„Die haben ja nicht mal 'ne richtige Mannschaft!", hat der Dicke gerufen.

„Keine richtige Mannschaft?", habe ich geschrien. „Mit dem Sturm? Ich und Max und Georg! Da lach ich ja drüber!"

„Georg im Sturm?", hat Papa gefragt. „Ich hätte Georg allerdings lieber in die Verteidigung gestellt – für den Sturm ist er nicht schnell genug."

„Moment", hat Georg gesagt, „ich hab Fußballschuhe und ich hab die beste Ausrüstung und deshalb …"

„Und wer ist im Tor?", hat Papa gefragt.

Wir haben ihm erklärt, wie wir die Mannschaft aufgestellt haben, und Papa hat gesagt, nicht übel, aber vielleicht müssen wir noch trainieren und er wird es uns zeigen, denn er hat früher auch Fußball gespielt, als Halbrechter bei Blau-Weiß Unterbraubach und er wäre beinah Nationalspieler geworden, wenn er nicht geheiratet hätte. Das hatte ich gar nicht gewusst. Mein Papa ist prima!

„Also", hat Papa zu denen von der anderen Schule gesagt, „seid ihr bereit am nächsten Sonntag gegen meine Mannschaft zu spielen?"

„Ach was – die haben ja keinen Schneid, die Angeber!", hat Max gerufen.

„Wir sind keine Angeber!", hat der mit den roten Haaren gesagt, „und am Sonntag, das geht in Ordnung. Punkt drei Uhr – und passt mal auf, wie wir euch den Laden vollknallen!"

Und dann sind sie abgehauen.

Papa ist noch dageblieben und er hat angefangen, mit uns zu trainieren. Er hat den Ball genommen und hat Otto ein Tor reingeschossen. Dann ist er ins Tor und Otto hat ihm ein Tor reingeschossen. Da hat Papa gesagt, es ist vielleicht richtiger für uns, das genaue Zuspiel zu lernen, und er zeigt es uns. Er hat gerufen:

„Achtung, Chlodwig – Flanke kommt!" Aber der Ball ist gegen Adalbert geknallt und Adalbert hat seine Brille verloren und er hat angefangen zu heulen.

Da ist Mama auf den Platz gekommen.

„Was machst du denn da?", hat Mama gefragt. „Du solltest doch nur den Kleinen holen – und ich warte und warte und das Essen wird kalt!"

Papa, der ist ganz rot geworden. Er hat mich bei der Hand genommen und hat gesagt: „Komm, Nick, wir müssen gehen!" Und meine Kameraden haben alle gerufen: „Bis Sonntag! Drei Hurras für Nicks Papa!"

Bei Tisch hat Mama immer gestichelt und Papa aufgezogen. Wenn sie das Salz haben wollte, hat sie gesagt: „Flanke nach innen!" Aber die Mamas haben ja keine Ahnung vom Sport. Jedenfalls: nächsten Sonntag, das wird Klasse!

Alfred Hitchcock

Ein böses Foul

Peter wandte Justus sein schmerzverzerrtes Gesicht zu. Sekundenbruchteile später stürzte der Zweite Detektiv im Zeitlupentempo zu Boden. Dort wälzte er sich, die Arme vor dem Gesicht gekreuzt.

„Peter!", schrie Justus erschrocken auf, aber sein Freund konnte ihn nicht hören. Mit Riesenschritten sprang er die schmale Steintreppe zum Rasen hinunter und wäre fast mit Elizabeth und Kelly zusammengestoßen. Die Mädchen gehörten zum Medical Help Team, das verletzte Spieler versorgte. Hinter zwei Männern mit einer Bahre auf Rädern liefen sie aufs Spielfeld. Justus wollte ihnen nach, aber ein Junge mit einer Armbinde hielt ihn zurück. „Du nicht", sagte er knapp, „du gehörst nicht dazu." Justus fauchte ihn an, blieb aber an der Seitenlinie stehen.

„Peter!", rief er noch einmal. Aber der reagierte nicht. Er wälzte sich auch nicht mehr, sondern lag jetzt ausgestreckt auf dem Rücken. Sein türkis und violett gestreiftes Trikot hob sich schreiend vom hellgrünen Rasen ab. Justus beobachtete, wie sich Peters Bauchdecke heftig nach oben und unten bewegte. Besorgt beugte sich Kelly über ihren Freund.

Inzwischen waren fast alle Spieler herangetrabt und standen im Kreis um den Verletzten. Der Schiedsrichter trieb die Helfer mit hektischen Handbewegungen an. Justus merkte, dass unbändige Wut in ihm hochstieg. Da lag ein Spieler offenbar schwer verletzt

am Boden und dieser Schnösel in Rot reagierte wie ein kalter Karpfen. „Mistkerl", hörte er sich zischen.

Vorsichtig wurde Peter auf die Bahre gehoben. Es war nicht zu erkennen, ob er bei Bewusstsein war. Einem Trauerzug ähnlich bewegten sich die Helfer auf Justus zu. Als sie an ihm vorbeikamen, versuchte er einen Blick auf Peters Gesicht zu werfen. Der Junge vom Sicherheitsdienst hielt ihn wieder ab. „Sind wir hier bei einem Schülerturnier oder bei der Weltmeisterschaft?", schimpfte Justus, aber sein Gegenüber zuckte nur die Schultern.

„Kelly", rief Justus den Helferinnen nach, „was ist denn los?" Das Mädchen schaute über die Schulter zurück. Es war ziemlich blass geworden. „Ich komm gleich wieder!", schrie sie zurück, bevor sie mit den anderen hinter einer breiten Flügeltür verschwand.

Bei offiziellen Spielen der Jugendliga gab es in den Stadien einen streng abgegrenzten Sicherheitsbereich, den nur Spieler, Trainer, Schiedsrichter, das Medical Help Team und die offiziellen Vertreter von Mannschaften und Verband betreten durften. Justus hatte keine Chance hineinzukommen. Unschlüssig ließ er seinen Blick über die Ränge schweifen und merkte erst an den Reaktionen der Zuschauer, dass das Spiel wieder angepfiffen worden war. Vor lauter Aufregung hatte er gar nicht mitbekommen, ob der Missetäter als Strafe die gelbe Karte gesehen hatte.

Seit dem vergangenen September, als die Mannschaft seiner High School in die Jugendliga aufgestiegen war, hatte sich Justus zum ersten Mal richtig mit Fußball beschäftigt. Die Regeln kapierte er schnell, ein richtiger Fan war er dennoch nicht geworden. Zu schleppend gingen ihm viele Spiele voran. Auch diesmal hatte er das Geschehen nicht konzentriert verfolgt. Eigentlich war er nur mitgekommen, weil sich Peter in den vergangenen Wochen zum Mittelfeldstar der Truppe entwickelt hatte.

„Hey!" Justus ging noch einmal auf den Jungen vom Sicherheitsdienst zu. „Wie ist denn das gerade passiert?"

Der andere sah ihn mitleidig an. „Beim Konter nach dem Corner hat der linke Manndecker der ‚Angels' eine Flanke verschlagen." Er schien bewusst viele Fachausdrücke zu gebrauchen, um sich als Kenner der neuen Lieblingssportart vieler Jugendlicher aufzuspielen und Justus zu ärgern. „Euer Mann kam an den Ball und der Libero der ‚Angels' säbelte ihn um."

„Sowieso blöd, dass die noch mit Libero spielen, richtig altmodisch!", warf der Erste Detektiv ein und vergaß für einen Moment seinen Freund Peter. Die Gelegenheit, diesem Angeber Paroli zu bieten, wollte er sich doch nicht entgehen lassen.

„Es war ein böses Foul", sagte der Junge knapp. Er versuchte nicht einmal seinen Ärger darüber zu verbergen, nicht weiter den Oberlehrer spielen zu können. Dann machte er auf dem Absatz kehrt und ging grußlos weg.

Justus sah auf die Uhr. Im selben Moment flog die Flügeltür auf. Kelly kam herausgelaufen.

„Und?", rief er ihr entgegen.

„Wahrscheinlich das Kreuzband", antwortete sie außer Atem. „Entweder gedehnt oder angerissen." Sie schnaufte tief durch. „Außerdem war er kurz bewusstlos." Justus fluchte. „Sonst ist aber alles in Ordnung, sagt der Doktor. Nur zum Röntgen muss er noch", beruhigte ihn Peters Freundin.

Verstohlen schaute er noch einmal nach der Zeit. „Ich hab ein Problem", begann er. „Ich würde gern mit ins Krankenhaus gehen, aber heute kommt ein Cousin von mir. Er wird eine Zeit lang bei uns wohnen. Ich hab Onkel Titus versprochen, dass ich mit auf den Flughafen fahre."

„Klar doch", meinte Kelly. „Elizabeth und ich begleiten Peter. Danach rufen wir dich an. Okay?"

Justus nickte erleichtert. Früher hatte er die beiden Mädchen samt ihrem Cheerleader-Team oft als ganz schön kompliziert empfunden. Aber seit die Freundinnen von Bob und Peter selbst Fußball spielten und Turniere organisierten, hatte sich das gründlich geändert.

Weil am Nationalen Flughafen in Burbank die Lotsen streikten, sollte Jimboy am Internationalen Flughafen von Los Angeles ankommen. Onkel Titus fuhr auf dem San-Diego-Freeway in Richtung Süden. Je näher die Ausfahrt Iglewood kam, desto größer wurde das Gedränge. An der Einfahrt zum Flughafen krochen die Busse, Taxis und Personenwagen nur noch im Schritttempo.

Justus musste an Peter denken, der inzwischen sicherlich im Krankenhaus lag. Er hoffte inständig, dass sein Freund nicht lange dort bleiben musste. Wenn das Knie tatsächlich schwerer verletzt war, konnte er den Traum vom Ligafinale in vier Wochen jedenfalls aufgeben.

„Ein Glück, dass wir so rechtzeitig los sind", riss ihn Onkel Titus aus seinen Gedanken. „Jetzt bin ich nur gespannt, ob die Maschine pünktlich ist."

Bevor sie in Rocky Beach abgefahren waren, hatte er sich über die Ankunftszeit des Fluges aus Chicago erkundigt und erfahren, dass sie planmäßig landen würde. Gerade rechtzeitig, bevor der Verkehr endgültig zum Stehen kam, steuerte Onkel Titus eine Großtankstelle vor der Auffahrt zur Abflughalle an.

Onkel Titus und Justus kämpften sich durch eine Traube von Wartenden zur Anzeigetafel vor. Die Maschine aus Chicago befand sich tatsächlich bereits im Anflug. Vorbei an einigen Geschäften und einem völlig überfüllten Stehcafé gingen sie Richtung Flugsteig 9 und postierten sich an der Absperrung.

„Hab ich Jimboy eigentlich schon mal gesehen?", fragte Justus.

Onkel Titus schüttelte den Kopf. „Tante Mathilda und ich waren nach seiner Geburt in Chicago. Aber da gab es dich noch nicht."

Über die komplizierten Verwandtschaftsverhältnisse war Justus bereits von seiner Tante Mathilda eingehend aufgeklärt worden: Seine Mutter und Jimboys Vater hatten einen gemeinsamen Vater, der wiederum ein Bruder von Onkel Titus' Vater war. Für Justus' Computerhirn war das eine Kleinigkeit. Als Justus aber auch Peter und Bob erklären wollte, wie er mit Jimboy verwandt sei, hatten sie abgewinkt und gemeint, es sei ihnen egal, wessen Blut durch Jimboys Adern fließe.

„Ich bin gespannt, ob wir uns ähnlich sehen", fuhr der Erste Detektiv fort.

„Kann ich mir kaum vorstellen", sagte Onkel Titus lachend. Sein schwarzer Schnurrbart zitterte. „Derny, Jimboys Vater, das ist ein richtiger Riese. Zwei Köpfe größer als alle anderen in der Familie. Von ihm hat Jimboy auch das Fußballtalent geerbt."

Die beiden abwechselnd blinkenden Lampen an der Informationstafel signalisierten, dass die Maschine gelandet war.

Justus merkte plötzlich, dass er ziemlich gespannt war auf den Ankömmling. Immerhin sollte er ein halbes Jahr lang das Zimmer mit ihm teilen.

Die ersten Reisenden verließen das Gate. Im Getümmel der Wartenden reckte sich Justus um besser sehen zu können. Ein Blondschopf mit Kleidersack und Cowboystiefeln kam an die sich selbstständig öffnende Milchglastür. Er lachte einer alten Dame zu, die neben ihm ging, und war Justus auf Anhieb sympathisch. Allerdings würdigte er Onkel Titus keines Blickes und Jimboy, das wusste Justus, hatte ein Foto von Onkel Titus bei sich, damit er ihn auch ganz bestimmt nicht verfehlte. Als Nächstes trottete ein rothaariger Junge im Jogginganzug mit Sporttasche heran. Justus fixierte ihn und beobachtete, wie er mit ernstem Blick die Wartenden in Augenschein nahm. Aber auch er reagierte nicht auf Onkel Titus.

„Hey", sagte plötzlich eine dunkle Stimme von rechts, „ich bin James Jonas."

Überrascht sah sich Justus um. Er hatte den hoch gewachsenen Typ mit dem langen Zopf durchaus gesehen, ihn aber nie und nimmer für seinen sportbegeisterten Cousin gehalten, eher für einen Musiker oder einen Maler.

„Ich bin Titus Jonas", sagte Onkel Titus, „und das ist dein Cousin Justus."

„Hallo, Jimboy." Justus streckte seinem Gegenüber die Hand entgegen. Der nahm sie und lächelte.

„Jimboy?", wiederholte er. „In Chicago sagt niemand mehr Jimboy zu mir."

„Wir hier nennen dich immer so, wenn wir von dir reden. Was dagegen?", wollte Justus wissen, während sie eingekeilt zwischen anderen Passagieren zur Gepäckausgabe gingen.

James schüttelte den Kopf. „Eigentlich nicht", antwortete er. „Ist vielleicht gar nicht so schlecht sich von James zu verabschieden."

Obwohl Jimboy nur fünf Monate älter war als Justus, überragte er ihn um gut einen Kopf. Er trug helle, weite Hosen und einen saloppen Sweater. Trotzdem sah man, wie durchtrainiert er war.

Sie holten Jimboys Seesack und kämpften sich zum Ausgang durch. Dank des strategisch günstigen Parkplatzes kamen sie schnell aus dem Flughafengelände heraus.

„Warst du schon einmal an der Westküste?", fragte Justus, während sie auf den Freeway einbogen. Jimboy verneinte.

„Warst du schon mal im Osten?" Jetzt war es an Justus, den Kopf zu schütteln.

Jimboy wollte mindestens ein halbes Jahr in Rocky Beach bleiben um auf die Tamilton High School zu gehen, die eine der berühmtesten Jugend-Fußballmannschaften bis hinunter zur mexikanischen Grenze beherbergte. Am nächsten Wochenende sollte ein Turnier mit den größten Soccer-Talenten aus allen Bundesstaaten stattfinden, um für die neue Profi-Liga zu werben. Jimboy war aus einigen hundert Anwärtern in Chicago ausgewählt worden.

„Ich will Berufsfußballer werden", sagte er. „Ich glaube ziemlich sicher, dass ich das kann."

Justus gefiel die selbstbewusste Art seines Cousins. Er hegte keinen Zweifel, dass sie gut miteinander auskommen würden. „Habt ihr euch wegen des Zimmers schon geeinigt?", fragte Onkel Titus, als er die Küstenstraße in Richtung Rocky Beach verließ.

„Wir schlafen beide bei mir", sagte Justus, „und er kann meinen Schreibtisch haben. Ich geh zum Arbeiten einfach in den Campingwagen." Dann weihte er seinen Cousin ein, dass er mit zwei Freunden ein erfolgreiches Detektivbüro betrieb. „Peter dürfte allerdings einige Tage ausfallen", fuhr er fort, „der ist heute Nachmittag böse gefoult worden."

„Ihr spielt auch Fußball?", fragte Jimboy erfreut.

Justus nickte. „Peter sogar mit ziemlichem Erfolg. Aber mit dir kann er sich bestimmt nicht messen."

„Dafür kann ich keine Kriminalfälle lösen", meinte Jimboy und wollte mehr über die drei ??? wissen.

Justus berichtete über ihre Zentrale in dem alten, umgebauten Campingwagen. Er stand an einer abgeschiedenen Stelle des Schrottplatzes, den Onkel Titus seit vielen Jahren mit großem Erfolg in Rocky Beach betrieb. Sein Gebrauchtwaren-Center hatte sich unter Kennern und Liebhabern von Raritäten seit vielen Jahren einen guten Namen gemacht. Der Campingwagen bot alles, was ein professionelles Detektivteam brauchte – vom Fotolabor bis zum Anrufbeantworter. Seit wenigen Tagen gab es außerdem zwei neue Errungenschaften. Die drei ??? hatten sich ein Faxgerät und ein tragbares Telefon besorgt. Letzteres wollten sie der hohen Gebühren wegen allerdings nur in Notfällen benutzen.

Da Tante Mathilda noch mit ihrer Freundin Emily unterwegs war, hatte Justus gleich nach der Ankunft Gelegenheit, Jimboy ihre Zentrale zu zeigen. Der staunte nicht schlecht über die moderne Ausstattung des Büros. Als Justus dann auch noch die Klappe zum Geheimgang hochhob, war sein Cousin sprachlos.

„Das ist unser Tunnel zwei", erklärte der Erste Detektiv sachlich. „Der führt unter dem halben Schrottplatz durch, falls wir mal schnell raus müssen aus der Zentrale."

„Ist das, was ihr macht, so gefährlich?"

Justus zwinkerte ihm zu. „War früher mehr dazu da um Tante Mathilda zu entwischen."

„Verstehe." Jimboy lachte.

„Wir haben noch einen anderen Geheimgang. Der bringt uns unbemerkt vom Schrottplatz." Justus ließ die Klapptür ins Schloss fallen. „Komm mit!"

Sie liefen durch die hintere Zufahrt von außen um den Zaun herum, und Justus zeigte seinem Cousin das Bild vom großen Erdbeben und dem Feuer in San Francisco im Jahre 1906. Er steckte den Finger durch das Astloch, das auf den Bretterzaun gemalt worden war und das Auge des kleinen Hundes ersetzte. Eine schmale Tür sprang auf.

„Toll!" Jimboy sah ihn ungläubig an. „Du musst mir unbedingt mehr von euch und euren Fällen erzählen." Sie gingen wieder auf den Platz und standen bald vor dem Campingwagen. „Und dann", fuhr er fort, „möchte ich so schnell wie möglich deine Kumpels kennen lernen."

Bevor sie einschliefen, erzählte Justus noch lange von Peter und Bob, von ihren Freundinnen Lys, Kelly und Elizabeth, von Inspektor Cotta, mit dem die drei ??? immer wieder zusammenarbeiteten, und von Morton, dem Chauffeur mit seinem Rolls-Royce, den ihnen ein millionenschwerer früherer Klient seit Jahren zur Verfügung stellte, wann immer sie ihn brauchten.

Als Jimboy dann auch noch wissen wollte, was der aufregendste Fall ihrer Karriere war, winkte sein Cousin ab. „Das haben wir uns schon oft gefragt", meinte Justus, „und wir kommen immer zum selben Ergebnis: der, an dem wir gerade arbeiten. Und dann warten wir darauf, dass der nächste noch spannender wird."

Jimboy gähnte. „Das ist wie in Fußball", meinte er schläfrig, „da ist auch immer das nächste Spiel das schwerste."

Doris Meißner-Johannknecht

Ninas Geheimnis

Nina träumt. Die Fans toben. Sie singen, schreien und hupen. Dabei schwenken sie die schwarz-gelben Fahnen. Der Himmel ist blau. Die Sonne scheint. Heute ist das große Endspiel. Die Schwarz-Gelben gegen die Blau-Weißen. Es geht um den großen Pokal.

Das Stadion ist ausverkauft. Noch ist das Spiel unentschieden. Es steht zwei zu zwei. In der 78. Spielminute. Nina Alexandra Eichinger sitzt auf der Reservebank.

Nina Alexandra Eichinger ist sieben Jahre alt. Nina Alexandra Eichinger – das bin ICH! Ich hab die Wut. Die totale Wut. Ich will endlich im Tor stehen! Auf der Reservebank sitzen – das will ich nicht. Aber sie lassen mich nicht. Auch dieses Spiel ist mal wieder ohne mich gelaufen.

Noch zehn Minuten bis zum Schlusspfiff. Ich zupfe an meinen Socken. Schwarz-gelb sind die und nagelneu. Da löst sich ein Faden. Länger wird er. Immer länger. Ich lasse den Faden los, bevor von meinem Strumpf nichts mehr übrig bleibt. Ich hätte keinen Ball ins Tor gelassen. Bestimmt nicht. Heute werden die Blau-Weißen gewinnen. Doch das scheint den Gelb-Schwarzen auch nicht zu passen.

Plötzlich kommt Bewegung in meine lahme Mannschaft. Sie stürmt los, als wäre sie in ein Wespennest getreten. Georg an der Spitze. Mit der Nummer 12. Georg trifft den Ball. Georg schießt. Der Ball fliegt ins Tor. Drei zu zwei!

Die Fans drehen durch. Sie brüllen wie heisere Seehunde. Ob die Gelb-Schwarzen doch noch gewinnen? Aber das wollen die Blau-Weißen auf keinen Fall. Sie stürzen aufs Tor. Der Ball kommt angeschossen. Er fliegt direkt auf Stefan zu, knallt ihm an den Kopf, prallt ab und springt aufs Spielfeld zurück. Kein neues Tor. Es steht immer noch drei zu zwei.

Stefan sinkt zu Boden. Was ist passiert? Stefan steht nicht auf. Er liegt auf dem Rasen. Unbeweglich. Wie tot. Die Brille neben ihm. Ein Arzt läuft über das Spielfeld, mit einem dicken Koffer in der Hand. Er beugt sich zu Stefan hinunter. Dann winkt er mit den Armen. Zwei Männer kommen mit einer Trage.

Der Trainer nickt mir zu. Meint er wirklich mich? Stefan wird vom Platz gebracht. Mein Herz klopft. Es ist so weit! Und jetzt sagt es der Lautsprecher allen, die es noch nicht wissen: „Spielerwechsel in der 83. Minute! Der neu eingewechselte Torwart ist Nina Alexandra Eichinger!" Meine Knie werden weich, so matschig wie Butter. Ich kann nicht aufstehen. Ganz schwach fühle ich mich. Doch die Zuschauer wollen was sehen. „Nina!", brüllen sie. Immer wieder.

Da steh ich auf. Ich wanke auf das Tor zu. Ganz wackelig. So als würde ich gerade erst laufen lernen. Jetzt stehe ich breitbeinig in diesem Riesentor. Am liebsten säße ich jetzt wieder auf meiner Reservebank. Doch da kommen die Blau-Weißen mit dem Ball. Es geht alles ganz schnell. Viel zu schnell. Der Ball kommt angeflogen wie eine Kanonenkugel. Gleich trifft er meinen Kopf. Und ich falle tot um. Nein! Sterben will ich noch nicht! Ich strecke mich. Werde riesengroß. Ich springe dem Ball entgegen, packe zu und halte ihn fest. „Nina! Nina!", brüllen die Fans. Sie schwenken die gelb-schwarzen Fahnen. Sie singen und hupen.

Aber die Blau-Weißen geben noch nicht auf. Sie kommen auf mich zu. Immer wieder. Ich möchte im Boden versinken oder mich in Luft auflösen. Aber ich springe dem harten Lederball entgegen. Halte ihn fest. Einmal und noch einmal. Dann kommt endlich der Pfiff, der mich erlöst! Wir haben gewonnen! Drei zu zwei. Der Pokal gehört uns. Ich habe sie gerettet! „Nina!", höre ich sie rufen. Sie werfen mir etwas zu. Einen nassen Schwamm?

Zur Erfrischung? Es ist kalt und feucht in meinem Gesicht. Hat der Froschkönig mich geküsst?

„Aufstehen, Nina!", sagt meine Mutter. Sie steht vor meinem Bett. Mit dem Waschlappen in der Hand.

Wieder nur ein Traum! Kein echtes Spiel! Ich werde niemals im Tor stehen. Warum darf ich nicht mitspielen? Nur weil ich ein Mädchen bin? Dabei bin ich bestimmt so gut wie Stefan. Wahrscheinlich sogar besser.

Ich wohne erst seit zwei Jahren hier. Georg, Kalle, Hotte und Max schon seit einer Ewigkeit. Nur Stefan nicht. Der ist auch neu hier. Aber den lassen sie mitspielen. Der darf sogar im Tor stehen. Obwohl er sich vor Angst fast in die Hosen macht. Immer dann, wenn ein Ball angeschossen kommt, legt er sich die Hände vor die Augen. Stefan trägt eine Brille.

In meinem Alter gibt es hier nur diese Jungen. Kein einziges Mädchen. Die sind entweder unter drei. Mit denen kann ich nicht viel anfangen. Oder über dreizehn. Und die können mit mir nicht viel anfangen. Leider. Ich habe nichts gegen Jungen. Aber die haben was gegen mich. Ich weiß nicht, warum. Nur weil ich ein Mädchen bin? Ich habe zwei Beine. Genau wie sie. Und ich bin schnell. Genauso schnell wie sie. Vielleicht sogar noch schneller. Und Bälle fangen kann ich sowieso viel besser als Stefan. Ich hab nämlich keine Brille. Aber sie lassen mich nicht. Obwohl sie es versprochen haben.

Im letzten Jahr haben sie gesagt: „Wenn du in der Schule bist, dann darfst du bei uns im Tor stehen!" Jetzt bin ich in der Schule. Ein ganzes Jahr schon. Aber jetzt sagen sie plötzlich: „Erst wenn du ein Trikot hast. So wie wir. Hemd und Hose. Und Stutzen. Und richtige Fußballschuhe. Dann ja! Oder wenigstens einen echten Lederball!"

Das finde ich gemein. Die gelb-schwarzen Klamotten krieg ich nie. Von Oma nicht. Von Opa nicht. Von Mama und Papa auch nicht. „Du bist doch ein Mädchen!", sagen sie. Sie kaufen mir dauernd neue Kleider und Röcke. Aber die hängen bloß im Schrank. Sie hören nicht auf, mir Puppen zu kaufen. Immer wieder neue. Die stapeln sich in meinen Regalen. Und mein Taschengeld reicht einfach nicht für das Trikot, die Schuhe oder den Ball. Bei einem Euro pro Woche! Aber ich gebe nicht auf.

Morgen ist mein Geburtstag. Mein Wunschzettel sieht genauso aus wie im letzten Jahr: Von Oma wünsche ich mir das Hemd. Von Opa die Hose. Von Mama die Schuhe. Von Papa den Ball.

Heute ist es so weit! Der Tag fängt gut an. Die Sonne weckt mich und der Himmel hat mein Lieblingsblau aus dem Farbkasten angezogen. Ich rieche den Kakao und die Hörnchen duften im Ofen. Schmecke schon meine Lieblingsmarmelade. Himbeeren aus dem Garten.

Aber schon an der Tür sehe ich: Es hat mal wieder nicht geklappt. Das sind nicht meine Farben. Was ich sehe, ist rosa und weiß. Von Oma ein Kleid mit Spitzenkragen. Von Mama ein Barbiehaus. Von Papa ein Barbiepferd. Nur Opa schenkt mir eine Hose. Es ist genau die schwarze Hose, die ich brauche. Aber was nützt mir diese Hose ohne die anderen Sachen? Warum nicht wenigstens einen schwarz-gelben Schal? Wo Oma doch sowieso den ganzen Tag strickt. Georg hat zu Weihnachten sogar schwarz-gelbe Bettwäsche bekommen!

Am Nachmittag gehe ich auf die große Wiese am Rand der Siedlung. Dort ist mein Lieblingsplatz. Die Jungen spielen Fußball. Und ich sitze oben in meinem Baum und schaue ihnen zu. Ich warte auf den Tag, an dem sie mich endlich mitspielen lassen. Eines Tages wird es so weit sein. Das weiß ich genau. Eines Tages werden sie sagen: „Komm, Nina! Willst du ins Tor?"

Manfred Mai

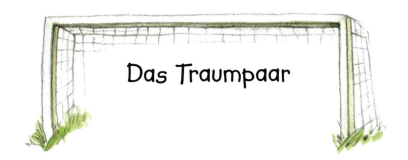

Das Traumpaar

Gökhan und Michael sind dicke Freunde. In der Schule sitzen sie nebeneinander. Die Nachmittage verbringen sie meistens miteinander. Und beide sind verrückt auf Fußball. Sie spielen in der D-Jugend von Borussia Dortmund und gelten als Traumpaar. Gökhan spielt im Mittelfeld, verteilt die Bälle und bereitet viele Tore vor. Michael kann zwar lange nicht so gut mit dem Ball umgehen wie Gökhan, aber er hat einen tollen Torriecher.

Eines Nachmittags kommt Gökhan mit verheultem Gesicht zum Fußballplatz.

„Was ist denn los?", fragt Michael.

Gökhan setzt sich wortlos auf den Rasen.

„Nun sag schon!"

„Ich darf nicht mehr bei Borussia spielen", murmelt Gökhan.

Michael glaubt nicht richtig gehört zu haben. „Was hast du gesagt?"

„Ich darf nicht mehr bei Borussia spielen!", schreit Gökhan und heult wieder.

Michael starrt seinen Freund fassungslos an. Ein paar andere Jungen kommen und wollen wissen, was passiert ist.

„Wieso darfst du nicht mehr bei Borussia spielen?", fragt Michael. „Wer sagt denn das?"

„Mein Vater", antwortet Gökhan. „Sie haben einen türkischen Fußballclub gegründet und jetzt müssen alle türkischen Jungen in diesem Club spielen."

„Ahmet und Dardan auch?", fragt einer der Jungen.

„Alle", wiederholt Gökhan.

„Das geht doch nicht!", ruft einer. „Die können unsere Mannschaft doch nicht einfach auseinander reißen. Ohne euch steigen wir ab."

„Das ist meinem Vater egal", meint Gökhan. „Der will, dass Türken nur noch in türkischen Mannschaften spielen."

Die Jungen stehen ziemlich ratlos herum.

„Und was machst du jetzt?", erkundigt sich einer.

Gökhan zuckt mit den Schultern. „Wenn mein Vater sagt, ich muss in der türkischen Mannschaft spielen, dann muss ich."

Am Abend fragt Michael seine Eltern, ob er mit Gökhan in der türkischen Jugendmannschaft spielen darf.

„Kommt nicht in Frage", antwortet sein Vater.

„Warum denn nicht?"

„Mein Sohn spielt doch nicht bei den Kümmeltürken!"

„Gökhan ist kein Kümmeltürke", wehrt sich Michael. „Er ist mein bester Freund."

„Schlimm genug, dass du solche Freunde hast", meckert der Vater.

„Gökhan ist ein netter Junge", mischt sich jetzt die Mutter ein. „Netter als viele deutsche Jungen."

Der Vater brummelt etwas vor sich hin. Dann sagt er zu Michael: „Du spielst jedenfalls nicht in einer Türkenmannschaft. Damit das klar ist!"

„Aber mein Freund bleibt Gökhan trotzdem!" Damit das klar ist, hätte Michael am liebsten noch hinzugefügt, behält den Satz jedoch vorsichtshalber für sich.

Am nächsten Morgen holt Michael seinen Freund ab und erzählt ihm alles.

„Warum muss es überhaupt deutsche und türkische Mannschaften geben?", fragt Gökhan. „Jeder soll doch spielen, mit wem er möchte."

„Genau", stimmt Michael ihm zu. Er boxt Gökhan leicht auf den Arm. „Wir spielen wieder zusammen in einer Mannschaft, das versprech ich dir."

Gökhan nickt. „Spätestens bei Borussia in der Bundesliga." Er zwinkert. „Als das Dortmunder Traumpaar Gökhan und Michael."

Dietlof Reiche

Der Fußball ist weg

Mohrle war fast sieben und hatte in seinem Leben noch keinen Fußball gesehen. Auch der Bruder nicht, obwohl der schon in die vierte Klasse ging. Der Onkel kickte den Fußball gegen das Scheunentor und es rumste ordentlich. „Der ist von vor dem Krieg", sagte der Onkel. „Pass gut auf ihn auf." Er hatte den Fußball dem Bruder geschenkt. Mohrle bekam bloß ein Päckchen Kaugummis. Der Fußball des Bruders war haselnussbraun und glänzte in der Sonne. Später glänzte er nicht mehr, weil er überall kleine Kratzer hatte. Aber das machte nichts, das kam vom vielen Spielen. Der Fußball war fast rund, nur da, wo er zugeschnürt war, beulte er sich etwas. Es war ein sehr guter Fußball gewesen.

Alle Buben im Dorf hatten das gesagt. Sogar die großen, die sonntags die Kirchglocke läuten durften. Mohrle bereute jetzt, was er mit dem Fußball gemacht hatte.

Obwohl der Bruder zweimal gemein zu ihm gewesen war. Zuerst, als der Bruder gemacht hatte, dass alle in der Schule und zu Hause Mohrle zu ihm sagten. Sein richtiger Name war eigentlich Martin. Aber den benutzte keiner mehr. Seit dem Krippenspiel an Weihnachten. Dass er mitmachen durfte, darüber hatte er sich zuerst gefreut. Er wollte einer von den Hirten sein. So wie der Bruder. Der durfte einen Hirten spielen. Aber zu ihm sagte das Fräulein Lehrerin: „Du machst den Mohrenkönig." Dem Fräulein durfte man nicht widersprechen. Sie schmierte ihm das Gesicht mit Ruß schwarz und da rief der Bruder: „Jetzt ist er das Mohrle!" Alle Kinder, und besonders die Buben, lachten und schrien: „Mohrle! Mohrle!" Der Bruder schrie: „Mohrle! Mohrle!", und er lachte zusammen mit den Buben über ihn. Mohrle verstand nicht, warum der Bruder so gemein war.

Später verstand er es. Der Bruder hatte geglaubt: Wenn er es schafft, dass die Buben mit ihm lachen, dann lassen sie ihn draußen auf dem Kirchplatz mitspielen. Damals hatte er den Fußball noch nicht gehabt.

Aber sie ließen ihn nicht mitspielen.

Im Winter nicht, wenn sie über die lange Schleife schlidderten, und im Sommer nicht. Da spielten sie auf dem Kirchplatz: Der Kaiser schickt seine Soldaten aus. Mohrle und der Bruder sahen aus der Ferne zu. Zwei Reihen von Buben standen einander gegenüber. In jeder Reihe hatten sie sich untergehakt. Und bei jeder war einer der Kaiser. Der rief: „Der Kaiser schickt seine Soldaten aus." Und dann rief er vielleicht: „Er schickt den Heiner hinaus." Da rannte der Heiner los, mit aller Kraft gegen die

andere Reihe. Brach er durch, durfte er einen Buben in die eigene Reihe mitnehmen. Brach er nicht durch, war er bei den anderen gefangen. Mohrle wusste, dass er zu klein war für dieses Spiel. Der Bruder war nicht zu klein. Der war stark. Der wäre immer durchgebrochen. Aber wenn der Bruder näher ging, dann schrien die Dorfbuben: „Hau ab, Flüchtling! Flüchtlingspack! Geht hin, wo ihr hergekommen seid!"

Mohrle ging zur Mutter, die am Pumpentrog im Hof die Wäsche spülte. Er fragte: „Ist es etwas Schlimmes, dass wir Flüchtlinge sind?"

„Ja", sagte die Mutter. „Weil wir von daheim fortgemusst haben."

„Aber warum sind sie im Dorf böse auf uns?", fragte er.

„Sie denken, wir nehmen ihnen das Essen weg."

Mohrle sagte: „Wir stehlen unser Essen nicht. Wir kaufen es."

„Trotzdem." Die Mutter seufzte. „Es gibt eben zu wenig." Sie drehte ein Handtuch zu einer Wurst. „Geh spielen, Mohrle." Er ging zum Bruder. Der stand im Hoftor und sah hinaus auf die Dorfstraße. Mohrle fragte: „Warum haben wir von daheim fortgemusst?"

„Wegen dem Krieg", sagte der Bruder. „Unser früheres Haus ist kaputt. Das haben die Flieger gemacht. Da warst du noch klein."

Mohrle nickte. Vom früheren Zuhause wusste er nichts. Aber er wusste, dass im Krieg Flieger kamen. Immer kamen sie ganz plötzlich und sie brüllten tief über den Hof und man musste sich auf den Boden schmeißen. Jetzt kamen sie nicht mehr. Der Bruder sagte: „Ich wollte, unser Haus wäre ganz. Dann gingen wir zurück. Und ich könnte mit den anderen Jungen viele Sachen machen."

Mohrle wünschte sich, dass das Haus nie wieder ganz würde. Er sagte: „Du kannst mit mir Sachen machen."

„Pah!", sagte der Bruder bloß.

Manchmal aber machte er trotzdem Sachen mit Mohrle. Sie gingen in der Morgenkälte zum Obstgarten. Da rüttelten sie an den Zwetschgenbäumen und es regnete Maikäfer. Doch schon kamen die ekelhaften Hühner gerannt. Sie waren gierig auf Maikäfer. Die Hühner waren groß und wild und hatten scharfe Schnäbel. Aber der Bruder jagte sie mit Fußtritten davon.

Mit dem Bruder zusammen traute sich Mohrle auch zum Weiher. Wenn die Gänse kamen, die Flügel ausgebreitet, die Hälse gereckt und die roten Schnäbel zischend aufgerissen, dann warf der Bruder mit Steinen nach ihnen.

Vor allem ging der Bruder mit ihm zum Gemeindehof. Das war das Beste. Denn dort konnte man zusehen, wie Karl den Gemeindebulldog anwarf. „Das heißt nicht Bulldog", hatte der Vater gesagt, „sondern Trecker." Aber alle im Dorf sagten Bulldog. Und Karl war der Fahrer. Die Kinder in der Schule sagten, dass Karl ein Zigeuner war. Warum sie das sagten, wusste Mohrle nicht. Vielleicht, weil Karl pechschwarze Haare hatte? Aber auch Mohrle und der Bruder hatten schwarze Haare. Und von ihnen sagte keiner, dass sie Zigeuner seien. Karl war groß, aber wenn er neben dem Bulldog stand, waren die wulstigen Hinterräder noch größer. Eine Menge Buben hatte sich versammelt um zuzusehen,

wie Karl den Bulldog anwarf. Der Bruder und Mohrle standen abseits. Karl stellte eine Lötlampe, aus der eine blaue Flamme fauchte, vorn an den Motor. Nach einer Zeit kletterte er hoch zum Fahrersitz und zog das Lenkrad mitsamt dem Stiel ab. Den steckte er in das eiserne Schwungrad seitlich am Motor und fing an zu drehen. Das ging schwer und er musste lange drehen. Karl fluchte. Endlich rülpste der Bulldog und stieß aus dem Kamin eine Rauchwolke. Wieder rülpste er. Plötzlich gab es einen Schlag, wie Donner so laut, und noch einen, das Schwungrad lief los, Karl riss das Lenkrad heraus und der Bulldog donnerte und war angeworfen. Karl steckte das Lenkrad an seinen richtigen Platz und fuhr weg.

Zweimal hatte Mohrle mit dem Bruder zugesehen und jedes Mal war Karl weggefahren, ohne die Buben rundum zu beachten.

Beim dritten Mal geschah es.

Karl war auf seinen Sitz geklettert, hatte das Lenkrad eingesteckt und da rief er auf einmal: „Wer will mitfahren?"

„Ich! Ich!", schrien die Buben und drängten sich um den Bulldog. Mohrle und der Bruder waren stehen geblieben. Karl blickte sich um. Dann sah er zu ihnen her. „Ihr zwei da!", rief er.

Mohrle konnte es gar nicht glauben. Aber der Bruder lief los, Mohrle rannte hinter ihm her und sie kletterten auf den Bulldog. Auf einem der Schutzbleche über den Hinterrädern waren zwei Griffe, zwischen die setzten sie sich und Mohrle klammerte sich fest. Hoch oben saßen sie und die Buben sahen zu ihnen herauf. Karl fuhr los, aus dem Hof hinaus, und der Bulldog donnerte und schüttelte, dass einem schier die Luft wegblieb. Angst hätte man kriegen können, aber nicht mit dem Bruder zusammen. Durch das ganze Dorf fuhr Karl mit ihnen, bis hinaus zur kaputten Brücke, wo ein Haufen von Steinblöcken im Bach lag, weil man die Brücke im Krieg gesprengt hatte. Karl kehrte um und fuhr zurück. Nun klammerte sich Mohrle nicht mehr so fest. Der Bruder hatte seinen Griff sogar losgelassen. Und er lachte und rief: „Ich bin auf dem Bulldog gefahren! Jetzt lassen sie mich mitmachen!"

Als sie auf den Gemeindehof kamen, waren alle Buben fort. Mohrle und der Bruder gingen zum Kirchplatz. Dort waren die Buben. Kaum hatten sie Mohrle und den Bruder gesehen, da schrien sie schon: „Verzieht euch, Flüchtlingspack! Lasst euch ja nicht mehr blicken!"

Sie gingen nach Hause. Der Bruder ging langsam und starrte auf den Boden. Mohrle sagte zufrieden: „Jetzt musst du immer mit mir Sachen machen."

Der Bruder sagte nichts.

Zu Hause war der Onkel. Er sah den Bruder an und sagte: „Sie lassen dich nicht mitspielen, wie?" Als der Bruder nickte, sagte der Onkel: „Na, mal sehen." Mehr sagte er nicht.

Der Onkel kam oft aus der Stadt. Er kam mit einem großen schwarzen Auto und immer brachte er etwas mit. Kaugummi und Schokolade für Mohrle und den Bruder, Kaffee und Zigaretten für die Eltern und neulich ein Eimerchen mit Honig für alle. Einmal hatte Mohrle gehört, wie die Mutter zum Vater sagte: „Dass er das alles beschafft, grenzt an ein Wunder. Besonders, dass er Benzin für seinen Wagen bekommt."

„Du weißt doch, wie sie ihn nennen", sagte der Vater. „Den König vom Schwarzmarkt nennen sie ihn."

Mohrle rannte auf den Hof. „Ätsch!", sagte er zum Bruder. „Der Onkel ist ein Mohrenkönig. Ich bin auch einer. Du bist keiner."

„Quatsch", sagte der Bruder. „Ist der Onkel vielleicht schwarz?"

„Aber er ist der König vom Schwarzmarkt, wo lauter Mohren sind."

Der Bruder drehte die Augen nach oben. „Das heißt Schwarzmarkt, du Depp, weil man da Kaugummi und Schokolade und solche Sachen kriegt. Die gibt's nicht im Laden. Deshalb muss man sie schwarz kaufen. Aber das ist verboten."

„Und warum heißt es: schwarz kaufen?", wollte Mohrle wissen.

Der Bruder hob die Achseln. Mohrle sagte: „Vielleicht, weil man im Dunkeln kaufen muss. Damit es die Polizei nicht sieht."

„Gar nicht so dumm", sagte der Bruder, und Mohrle freute sich. Das war gewesen, als der Bruder noch Sachen mit ihm machte.

Aber dann kam der Tag, an dem der Onkel zum Bruder sagte: „Komm mal mit raus zum Auto." Auch Mohrle ging mit. Der Onkel öffnete die Autotür und da, auf dem Beifahrersitz, lag der Fußball. Er war blank und aus haselnussbraunem Leder rundgenäht. Der Onkel sagte: „Innen ist eine Gummiblase. Die hält die Luft." Dann zeigte er dem Bruder, wie man Fußball spielt.

Noch am Nachmittag ging der Bruder zum Kirchplatz, wo die Buben Der-Kaiser-schickt-seine-Soldaten-aus spielten. Sie

schrien: „Hau ab, Flüchtling!" Aber der Bruder stand, mit dem Fußball unter dem Arm, und rührte sich nicht vom Fleck. Da wurde das Geschrei leiser. Schließlich schwiegen die Buben. Stumm sahen sie auf den Bruder und den Fußball.

Plötzlich rief der Bruder: „Wer will mitspielen?"

„Ich! Ich!", schrien die Buben. Und sie drängten sich um den Bruder.

Der stand in ihrer Mitte und sagte: „Jede Reihe ist jetzt eine Mannschaft." Er suchte sich die Mannschaft aus, bei der er spielen wollte.

Mohrle drängelte zu ihm. „Bei welcher bin ich?", fragte er.

„Bei keiner", sagte der Bruder und sah über Mohrle weg. „Stöpsel wie du dürfen nicht mitspielen."

Die Buben riefen: „Der Stöpsel denkt, er darf mitspielen!" Und sie lachten über ihn.

Mohrle ging nach Hause. Er ging langsam und starrte auf den Boden. Er dachte: Das war gemein.

Und dann dachte er: Der Fußball muss weg.

Der Bruder kam erst am Abend nach Hause. Mit Mohrle redete er kein Wort.

An diesem Abend lag Mohrle lange wach. Er stellte sich vor, wie er den Fußball wegbekam.

Er versteckte ihn in der Holzkiste unter dem Herd. Da fand ihn die Mutter. Er versteckte ihn in der Scheune unter dem Heu. Da fand ihn der Bauer. Er versteckte ihn unter den Steinen an der Brücke. Da fand ihn keiner.

Aber der Bruder war klug. Er dachte sich gleich, dass Mohrle den Fußball versteckt hatte, und war böse auf ihn. Also machte Mohrle den Ball heimlich kaputt. Er zerstach ihn mit dem spitzen Brotmesser aus dem Schubfach. Aber wieder dachte der Bruder sich, dass Mohrle es gewesen war. Außerdem brachte er den Fußball zum Sattler, und der flickte ihn.

Da ließ Mohrle einen anderen den Fußball kaputtmachen. Und der Fußball war zerquetscht wie eine zertretene Tomate.

Das stellte Mohrle sich vor, als er im Bett lag.

Aber wer machte den Fußball kaputt? Und zwar so, dass der Sattler ihn nicht flicken konnte?

Mohrle wusste es nicht. Er schlief ein.

Auch am anderen Morgen wusste er es nicht. Und nach der Schule noch immer nicht. Nachmittags ging er zum Kirchplatz.

Eine Menge Buben war gekommen. Auch viele von den großen, die sonntags die Kirchglocke läuteten. Die bestimmten, wer mitspielen durfte. Den Bruder ließen sie immer mitspielen. Die Buben spielten und spielten. Der Nachmittag verging und Mohrle war nicht eingefallen, wie er den Fußball wegbekam. Er wollte gerade nach Hause gehen, als er von ferne den Bulldog hörte. Die Buben spielten weiter. Nach einer Weile kam Karl um die Ecke am Kirchhof gefahren. Er bremste und hielt an. Die Arme auf das Lenkrad gestützt, sah er den Buben zu. Mit einem Mal kletterte er vom Bulldog und ging zu ihnen.

„Gib mal her!", rief er. Einer der Buben kickte ihm den Ball zu und Karl schoss. Es war ein gewaltiger Schuss. Der Fußball knallte gegen die Kirchhofmauer, prallte im hohen Bogen ab und rollte über den Platz. Als er liegen blieb, war er genau vor einem der großen, wulstigen Hinterräder des Bulldogs.

Plötzlich wusste Mohrle, wie er den Fußball wegbekam.

Drei Tage danach hatte Mohrle früher Schule aus als der Bruder. Er rannte nach Hause und räumte den Schulranzen leer. Dahinein steckte er den Fußball. Dann rannte er zum Gemeindehof. Er hatte Glück. Der Bulldog stand abgestellt dort und niemand war zu sehen, Karl war zum Mittagessen gegangen. In der Nähe des Bulldogs stand genau richtig eine Mülltonne. Hinter der versteckte sich Mohrle. Nicht lange, da hörte er jemanden kommen. Darauf hörte er, wie die Lötlampe zu fauchen begann. Er wartete, bis Karl fluchte, und da schlich er zum Bulldog. An der anderen Seite fluchte und drehte Karl. Den Mohrle sah er nicht. Und er sah nicht, wie Mohrle den Fußball vor das große, wulstige Hinterrad legte. Mohrle schlich zurück hinter die Tonne. Dann donnerte der Bulldog los und Karl fuhr weg. Vom Knall, den es vielleicht gegeben hatte, war nichts zu hören gewesen. Der Riss ging quer durch das haselnussbraune Leder. Etwas Rotes quoll heraus. Das war die zerplatzte Gummiblase.

Als der Bruder aus der Schule kam, hielt Mohrle ihm den zerquetschten Fußball entgegen.

Der Bruder nahm seinen Schulranzen ab. Ganz langsam tat er das und ganz ruhig sagte er: „Du hast mit ihm gespielt." Er hob die Hand.

Mohrle sagte schnell: „Aber nur im Hof. Du hast mir's nicht verboten. Er ist auf die Straße gerollt. Da ist der Karl auf dem Bulldog gekommen und einfach drübergefahren."

Der Bruder ließ die Hand sinken.

Mohrle sagte: „Man kann ihn beim Sattler flicken lassen, nicht?"

„Nein", sagte der Bruder. „Das Leder ist zerrissen." Er murmelte: „Das war's. So einen krieg ich nicht nochmal." Plötzlich sagte er wild: „Das wollen wir doch mal sehen!" Er bestimmte: „Du gehst mit zum Gemeindehof." Mohrle traute sich nicht zu widersprechen. Er hoffte, dass Karl noch unterwegs war.

Aber schon von weitem hörte er den Bulldog lärmen. Karl stand neben ihm. Als sie bei ihm waren, hielt der Bruder den zerquetschten Fußball hoch und sagte zu Mohrle: „Erzähl's ihm!"

Mohrle musste sagen, was er dem Bruder erzählt hatte. Weil der Bulldog lärmte, musste er das schreiend tun, so als erzählte er es vielen Leuten. Karl stand von ihm abgewandt und hielt ein Ohr zu ihm her. Karls pechschwarzes Haar war mit Wasser zurückgekämmt und glänzte.

Als Mohrle schwieg, sagte der Bruder laut: „Ich will einen neuen Fußball!"

Karl sagte nichts. Wortlos drehte er sich um und kletterte hoch zum Fahrersitz. Er stellte den Bulldog ab.

Dann war es ganz still.

Jetzt sah Karl Mohrle an. Da senkte Mohrle den Kopf. Er hörte,

dass Karl sagte: „Warum lügst du?" Und dann sagte Karl und es klang leise: „Ihr seid wie die anderen."

Plötzlich brüllte er: „Verschwindet! Sonst mach ich euch Beine!"

Und er kam vom Bulldog herunter. Sie rannten vom Hof.

Als sie aufgehört hatten zu rennen, fragte Mohrle den Bruder: „Machen wir jetzt was zusammen?"

Der Bruder antwortete nicht.

Er ging zum Kirchplatz. Mohrle folgte ihm.

Die Buben hatten schon zwei Mannschaften gebildet. Der Bruder zeigte ihnen den Ball. Er erzählte ihnen, was Mohrle erzählt hatte, und sagte: „Karl sagt, dass Mohrle lügt."

Da schrien die Buben: „Der Karl lügt! Der ist ein Zigeuner. Zigeuner lügen und stehlen. Zigeunerpack!"

Die großen Buben besahen sich den zerquetschten Fußball. Sie schüttelten die Köpfe und gingen fort.

Die anderen Buben sagten: „Spielen wir halt: Der Kaiser schickt seine Soldaten aus."

Die beiden Mannschaften stellten sich einander gegenüber.

Der Bruder fragte nicht, ob er mitmachen durfte.

Er stellte sich einfach dazu.

Mohrle wartete, dass die Buben schrien: „Hau ab, Flüchtling!"

Aber keiner der Buben schrie das. Sie begannen zu spielen. Mohrle wusste, dass er für dieses Spiel zu klein war. Langsam ging er nach Hause. Er wusste nicht, was er tun sollte. Dann fiel es ihm ein. Er sollte zum Gemeindehof gehen und Karl alles erzählen.

Aber er traute sich nicht.

Mohrle bereut jetzt, dass er sich nicht getraut hat.

Aber jetzt ist es zu spät.

Horst Heinrich

Am Fußballstadion

Schon seit zwei Uhr beobachten sie die Verkaufskasse. Hinter einem kleinen Guckfenster sitzt ein alter Mann, vor ihm liegen Abreißblöcke mit blauen, dunkelroten und grünen Eintrittskarten. Franz und Bert wissen auch, dass dem alten Mann an einer Hand zwei Finger fehlen. Zuerst hatte es Franz gesehen, als der Kartenverkäufer Kleingeld zählte. Aber jetzt sehen sie es jedes Mal, wenn jemand an die Kasse tritt und eine Karte kauft. Anfangs sind es nur wenige Leute, die zur Kasse gehen, aber je mehr der Zeiger der großen Uhr am Stadion vorrückt, umso mehr Leute strömen herbei. Straßenbahnen fahren voll gestopft ans Stadion und kehren leer um. Der Schlagbaum an der Einfahrt des Parkplatzes senkt sich und der Parkwächter lehnt ein Schild mit der Aufschrift „Besetzt" an sein kleines Holzhaus. Da drüben brummen zwei lange Busse heran, junge Männer springen heraus und schwenken weiß-blaue Fähnchen. Einer bläst sogar in eine Trompete. Zwei Funkstreifen stehen auf dem Gehweg und die Polizisten sperren die Fahrbahn für die Fußgänger. Franz und Bert umkreisen die Polizeiautos, durch das offene Fenster hören sie deutlich den Sprechfunk. Immer mehr Menschen eilen von allen Seiten herbei. Den Mann an der Kasse sieht man schon lange nicht mehr. Wie ein Bienenschwarm drängen sich die Männer um das kleine Guckfenster, jeder will noch eine der letzten Karten bekommen. Plötzlich stupst Franz den Bert: „Da! Schau!

Der Roland mit seinem Vater!" In diesem Augenblick schaut auch der Roland zu ihnen her, schwenkt eine Karte in der Hand und streckt ganz schnell die Zunge heraus. Voll Neid beobachten Bert und Franz, wie Roland mit seinem Vater am Eingang die Karten abreißen lässt und dann die breite Betontreppe zum Stadion hinaufsteigt. Der Franz meint: „Vielleicht schenkt uns jemand eine Karte!" Doch beide glauben nicht daran. Sie belagern weiterhin die Kasse. Plötzlich drehen sich alle Menschen an der Kasse um und gehen schimpfend weg. Das Guckfenster ist geschlossen und ein Schild hängt daran: „Ausverkauft". Hinter dem Fenster sehen sie deutlich, wie der alte Mann das eingenommene Geld zählt und zu Bündeln zusammenlegt. Allmählich wird auch der Platz vor dem Eingang immer leerer und schließlich stehen nur noch die Pförtner mit ihren steifen Mützen, Franz und Bert am Eingang. Im Stadion gibt der Lautsprecher die Namen der Spieler bekannt. Franz und Bert hören, wie die Leute klatschen. Das Spiel hat begonnen. Der Bierverkäufer an der Betontreppe stellt die leeren Flaschen in einem Kasten zusammen und die Polizisten gehen von der Straße durch den Eingang ins Stadion. Bert flüstert: „Ich werde auch einmal Polizist, da kann ich jedes Fußballspiel umsonst ansehen." Enttäuscht kehren sie um und schlendern zum Parkplatz. Wer kennt alle Autonummern? Manche Autos müssen von ganz weit herkommen. Aus dem Stadion hört man Pfiffe und Geschrei. Da – Tooor! Für wen? Bert und Franz schleichen am Parkwächterhäuschen vorbei. Die Tür steht halb offen. Der Wächter sitzt vor einem Kofferradio und hört die Fußballübertragung. Leise setzen sich Franz und Bert auf die Treppe vor dem Häuschen und hören zu. Manchmal schneidet der Wächter mit seinem Taschenmesser ein Stück vom Wurstbrot ab und steckt es in den Mund. Und während er langsam kaut, hören alle drei das Fußballspiel im Radio mit. Wenn ein Tor fällt, schreien Franz, Bert und der Parkwächter wie die Leute im Stadion nebenan.

Werner Färber

Gurkenkicker

Atze und Sven wählen Mannschaften. Oliver und ein Neuer bleiben übrig.

Oliver wird immer erst am Schluss gewählt. Er spielt nicht besonders gut Fußball. Die anderen nennen ihn einen Gurkenkicker.

Aber als Verteidiger ist Oliver trotzdem ganz brauchbar.

„Wie heißt du?", fragt Sven den Neuen.

„Florian."

„Spielst du gut?"

„Weiß nicht", sagt Florian.

„Stürmer oder Verteidiger?", fragt Atze.

„Weiß nicht", sagt Florian.

„Ich nehme Oliver", sagt Sven.

Atze nimmt murrend den Neuen. Er schickt ihn als Stürmer nach vorne.

„Das ist dein Mann, kapiert?", sagt Sven zu Oliver.

Oliver stellt sich neben den Neuen um ihn zu decken.

Kaum hat das Spiel begonnen, kommt der Ball auf die beiden zu. Florian fängt den Ball mit den Händen.

„Wir spielen Fußball, du Pfeife", schnauzt Atze Florian an.

„Tut mir Leid", sagt Florian.

„Mach dir nichts daraus", raunt Oliver ihm zu. Dann führt er den Freistoß aus. Der Ball geht ins Aus.

Oliver und Florian werden kaum noch angespielt. Sie haben viel Zeit um sich zu unterhalten.

Als Atzes Mannschaft fünf Tore im Rückstand ist, gibt Atze auf. „Mit so einer Gurke kann man ja nicht gewinnen", meckert er und geht nach Hause.

„Du", sagt Florian zu Oliver. „Kickst du morgen mit mir?" „Ich?", fragt Oliver erstaunt. „Ja", sagt Florian. „Du spielst so gut." Das hat noch keiner zu Oliver gesagt.

Und vom nächsten Tag an üben die beiden. Schießen, stoppen und Pässe schlagen. Bald sagt keiner mehr, dass sie Gurkenkicker sind!

Herbert Heckmann

Tor!

„Es hat alles keinen Zweck." Diesen Satz führte Erwin immer im Munde. Er fing damit schon am frühen Morgen an, wenn ihn seine Mutter weckte. Erwin – der Erwin hieß, weil er dem Beispiel seines erfolgreichen Onkels folgen sollte, der immer das Richtige in seinem Leben tat und auch gern darüber redete – war kein Freund des Aufstehens. Das brachte nämlich die ersten Schwierigkeiten: Er war meist noch so verschlafen, dass er gar nicht wusste, was er tat. Einmal versuchte er allen Ernstes sich mit der Zahnbürste die Haare zu kämmen. „Wo bist du nur mit deinen Gedanken?", fragte die Mutter.

„Unterwegs", murmelte Erwin und wischte sich die Zahnpasta aus den Haaren.

Er hatte zwei linke Hände, zwei linke Füße und überhaupt wenig Lust etwas zu tun. Was er anfasste, ging meist in die Brüche.

„Ehrlich, das wollte ich nicht", stammelte Erwin jedes Mal.

Er selbst fiel, wo und wann er nur immer konnte, von Leitern, Mauern, Stühlen und über seine eigenen Beine. Sein Fahrrad war ein gerade noch fahrender Schrotthaufen.

„Am besten, ich bleibe im Bett", verkündete Erwin, aber seine Eltern erfüllten ihm diesen Wunsch nicht.

In der Schule war es nicht viel besser. Er brachte alles durcheinander. Er verlegte Italien in die Nordsee und war der Meinung, dass Kolumbus das Ei entdeckt habe. Seine Antworten riefen in der Klasse fast immer Gelächter hervor und Lehrer Knoll machte ein entsetztes Gesicht.

„Es hat alles keinen Sinn", murmelte Erwin und setzte sich hin.

Da er es in der Wirklichkeit zu nichts brachte, verlegte er seine großen Taten in die Träume. Sein Lieblingsaufenthalt wurde das

Bett. Dort fühlte er sich als Held, besiegte Ungeheuer, flog durch die Lüfte, ritt auf einem mächtigen Löwen, kämpfte unter Wasser mit Haien, erfand ein neues Puddingpulver und landete auf dem Mars. Während er träumte, strahlte sein Gesicht vor Glück; war er wach, drohte die Milch bei seinem Anblick sauer zu werden. Seine Schulkameraden nannten ihn „Erwin, die Flasche". Das war nun wirklich keine Bezeichnung, auf die man stolz sein konnte.

„Muss ich eigentlich überhaupt in die Schule?", fragte Erwin seine Mutter. „Ich könnte doch alles für mich allein lernen."

„Hast du denn gar keinen Ehrgeiz?"

„Was soll schon dieser verdammte Ehrgeiz. Man strengt sich an, damit einen die anderen umso mehr auslachen können."

Erwin entwickelte mit der Zeit ein ungewöhnliches Schlaftalent. Er schlief selbst mit offenen Augen. Einmal wäre er beinahe von einem Auto überfahren worden.

„Hast du denn keine Augen im Kopf?", schrie der Fahrer, der beim Bremsen mit dem Kopf gegen die Scheibe gestoßen war.

Erwin sah erschrocken auf und stotterte: „Ich bin ein Tiefseetaucher."

Der Fahrer vergaß vor Staunen seinen Mund zuzumachen.

Am liebsten träumte Erwin von Fußballspielen, in denen er eine überragende Rolle spielte. Er schoss aus allen Lagen und kein Tormann der Welt konnte seine Bombenschüsse halten. Das ganze Stadion stand Kopf und die Mitspieler umarmten Erwin. Eine ermunternde Wärme wuchs ihm bis in die Fingerspitzen, während die Fotografen die Kameras zückten. Das waren Augenblicke, in denen Erwin seine sauertöpfische Miene aufgab und von einem Ohr bis zum anderen grinste.

In Wirklichkeit war er jedoch nur ein Ersatzkicker, den keine

Mannschaft haben wollte, weil man einfach nicht glauben konnte, Erwin, die Flasche, würde überhaupt einen Ball treffen.

„Mann, der kickt ja Löcher in die Luft."

So schaute Erwin nur zu und träumte, er wäre Torschützenkönig. Seine Beine zuckten und es konnte durchaus geschehen, dass er vor Begeisterung um sich trat. War er allein, übte er mit allem, was ihm vor die Füße kam: Konservenbüchsen, Zigarettenschachteln, Kartons, Bierdosen und Papierknäueln. Er machte der Stadtreinigung Konkurrenz und zerdrosch drei Paar Schuhe im Jahr.

„Pass ein bisschen auf, wo du hintrittst!", ermahnte ihn seine Mutter, die nichts von der Fußballleidenschaft ihres Sohnes wusste. Erwin redete nicht viel. Er hatte einfach Angst, sich doch nur lächerlich zu machen. Dabei wusste Erwin im Fußball Bescheid wie kaum ein anderer in seiner Klasse. Er kannte sogar die Schuhgröße von Franz Beckenbauer.

Erwin wohnte in der Meisenstraße. Von einem Ende bis zum anderen nur Hochhäuser, die nachts wie vieläugige Ungeheuer aussahen. Tagsüber waren die Augen Fenster: acht in jedem Stock. Aus einem dieser Fenster beobachtete Frau Gernegut mit einer standbildhaften Ausdauer alles, was in der Meisenstraße geschah. Sie hörte die Flöhe husten, das Gras wachsen und machte aus jeder Mücke einen Elefanten. Sonst hatte sie nichts zu tun. Sie nahm ihre Aufgabe sehr ernst und ihre Nase war schon ganz platt, weil sie immer an der Scheibe klebte.

Wieder einmal kickte Erwin eine Bierdose vor sich her. Plötzlich überkam es ihn. Er war im Stadion, die Zuschauer reckten die Hälse. Erwin stürmte los, blieb stehen, nahm Maß und ballerte die Büchse gegen ein Fenster. Frau Gernegut hatte natürlich alles gesehen und noch ein bisschen mehr. Sie riss ihr Fenster auf und schrie. Andere Fenster öffneten sich und sehr bald wusste so ziemlich jeder in der Meisenstraße, dass Erwin eine Fensterscheibe zertrümmert hatte, eine Fensterscheibe im vierten Stock.

Erwin fürchtete ins Gefängnis gesteckt zu werden. Mit zitternden Knien schlich er nach Hause und erklärte seiner Mutter:

„Ich geh jetzt für immer ins Bett."

Daraus wurde jedoch nichts, denn kaum hatte sich Erwin in sein Zimmer zurückgezogen, dessen Wände mit Postkarten aus Bayern, Sylt, Venedig und Mallorca überklebt waren, klingelte es. Frau Gernegut stürmte in die Wohnung und legte los.

„Stellen Sie sich vor!"

Erwin konnte sich nur zu gut vorstellen, welche Folgen sein Treffer haben würde. „Noch nicht einmal im Bett ist man sicher", sagte er sich und bereitete sich auf das ernste Wort vor, das seine Mutter mit ihm zu reden hatte.

Etwas Gutes jedoch brachte die Sache mit sich. Olle, der sich für den größten Fußballer der Meisenstraße und darüber hinaus hielt und mit Erwin in dieselbe Klasse ging, konnte sich nicht beruhigen, dass Erwin eine Bierdose in den vierten Stock befördert hatte.

„Das ist direkt eine Leistung", sagte er. Erwin war so an sein Pech gewöhnt, dass er das Lob überhörte. Er träumte nur noch: im Sitzen, im Gehen, in der Schule und sogar beim Essen. Am liebsten wäre er unsichtbar geworden.

Als Olle ihn ein paar Wochen später aufforderte, beim Schulsportfest in der Fußballmannschaft seiner Klasse mitzuspielen, glaubte er zuerst, man wolle ihn wie üblich auf den Arm nehmen. Aber Olle meinte es tatsächlich ernst. Knilch fiel wegen einer Blinddarmentzündung aus und Erwin, der immerhin Fenster im vierten Stock einzudreschen imstande war, schien Olle der beste Ersatz zu sein.

„Die Ehre der Klasse steht auf dem Spiel. Tritt nur nicht zu hoch!"

Am Morgen des großen Spiels gegen die Mannschaft der Parallelklasse konnte Erwin kaum einen Bissen hinunterkriegen, und vor Aufregung vergaß er zu träumen. Eine halbe Stunde vor den anderen stand er schon auf dem Sportplatz und betrachtete versonnen den mattgrünen Rasen. Er fror. Als die anderen kamen, hatte er eine bläuliche Gänsehaut. Olle schlug ihm die Hand auf die Schulter.

„Du bist linker Läufer und mach nur keinen Quatsch!"

In der ersten Spielhälfte lief Erwin wie ein aufgescheuchtes Huhn herum, und die Zuschauer lachten ihn aus, als er einmal an Stelle des Balls ein Stück Rasen in die Luft kickte. Olle schrie: „Flasche!", und Erwin sehnte sich in sein Bett zurück. Da lag plötzlich der Ball vor seinen Füßen. Erwin stürmte los, umdribbelte zwei Gegner, sah den Tormann in die Hocke gehen, die Arme ausgestreckt, zögerte einen Augenblick, schloss die Augen und drosch dann mit der ganzen Kraft seines linken Beins den Ball in Richtung Tor.

Erst als die Zuschauer „Tor" brüllten, öffnete er die Augen wieder und sah, wie Olle vor Freude einen Handstand machte. Erwin wuchs um genau einen Zentimeter. Seine Mannschaftskameraden liefen auf ihn zu und umarmten ihn. Wie im Fernsehen. Einer schrie: „Mensch, Flasche, du bist ja gar keine Flasche. Wie hast du das nur gemacht?"

„Ich habe immer davon geträumt", antwortete Erwin.

„Eine komische Art Training", bemerkte Olle. Erwin ging auf seinen Platz zurück und wartete auf den Pfiff des Schiedsrichters. Er fror nicht mehr.

Toni Löffler

Nicki und Lena

Ein bunter Haufen von Spielern aus den ersten und zweiten Mannschaften der E- und der D-Jugend hatte sich eingefunden. Ein paar kannte Nicki, aber die meisten hatte er nur flüchtig auf dem VfB-Platz gesehen. Nicht einmal sein Freund Oliver war da, mit dem er das Fußballspielen in den Schulpausen lange vor ihrem Eintritt in den VfB begonnen hatte. Oliver verbrachte die Ferien bei seiner Großmutter auf dem Lande. War es da nicht gut, dass Nicki Lena gefunden hatte?

Es war das erste Mal, dass Nicki seinen neuen Trainer auf dem Spielfeld erlebte. Heiner Herzog trainierte seit Jahren die D-Jugend des Vereins. Er galt als tüchtig, konnte aber auch sehr streng sein, wie Nicki gehört hatte.

Nun, wenn das stimmte, dann merkte man heute nicht viel davon. Heiner Herzog wusste, dass Ferien waren und dass die Kinder vor allem gekommen waren, um ihren Spaß zu haben. Bei einem fröhlichen Spiel konnte er außerdem die Neuen am besten kennen lernen. So fing er mit ein paar Lockerungsübungen an und ließ dann Völkerball spielen. Dazu mussten zwei Jungen aus seiner bisherigen D-Jugend und zwei neue Jungen, die bislang in der E-Jugend gespielt hatten, ihre Mannschaft wählen. Natürlich suchten sie alle ihre Freunde oder Mannschaftskameraden aus. Die vereinzelten Mädchen blieben übrig, was Nicki sehr ärgerte. War Lena nicht besser als die meisten Jungen? Tonio Benedetti hatte Nicki als Ersten für sein Team gewählt, kannte er ihn doch von der E-Jugend her.

„Nun nimm schon Lena", flüsterte er Tonio zu. „Sie kann prima werfen und läuft wie ein Weltmeister."

Tonio zog die Nase kraus. Er war der Meinung, dass Mädchen nicht zum Fußballspielen taugten. Jedes Mal, wenn er wählen durfte, übersah er Lena. Aber am Ende konnte er nicht anders, er musste Lena in seine Mannschaft aufnehmen, denn sie war übrig geblieben. Lena nahm es gelassen, sie kannte das schon. Es machte ihr sogar Spaß, wenn sie nachher durch ihr Spiel die Jungen verblüffte.

Heiner Herzog hatte nun vier Mannschaften, von denen immer zwei gegeneinander spielten. Es wurde ein richtiges Völkerball-Turnier, und Nickis Gruppe wurde Sieger. Entscheidend dafür war allerdings diesmal nicht Nicki, sondern Lena gewesen, denn sie konnte nicht nur wunderbare Tore beim Fußballspielen schießen, sondern auch gezielt und hart werfen.

Nach dem Spiel setzten sich die ermatteten Spieler im Kreis auf den Rasen. Heiner Herzog ließ vom Platzwart, der auch die Sportlerkneipe bewirtschaftete, Eistee und Limo herbeibringen, was die erhitzten Gemüter etwas abkühlte. Die größeren Spieler murrten über das Ergebnis. Sie fühlten sich ein wenig von den „Kleinen" blamiert.

„Ist doch blöd, dass wir hier Völkerball spielen", meinte einer. „Das ist doch ein Spiel für Erstklässler. Wenn wir Fußball spielen würden, dann sähe die Sache schon anders aus."

Heiner Herzog lächelte.

„Nimm den Mund nicht so voll, Robbi!", sagte er. „Nach der Pause machen wir noch ein kleines Fußballturnier. Dann werden wir ja sehen, wie der Hase läuft. Wir bilden drei Mannschaften.

Jede spielt gegen jede, wobei immer eine Gruppe pausiert und das Spiel verfolgt."

Die Aufstellung der Fußballteams war nicht ganz einfach. Die bisherigen Gruppen wollten zusammenbleiben, doch der Trainer wünschte sich, dass die schon erfahrenen und die neuen D-Jugend-Spieler möglichst bald eine Einheit bildeten und gute Freunde wurden. Nach einigem Hin und Her gab es eine Mannschaft nur aus den älteren Jungen und eine andere aus den neuen. Die dritte war gut gemischt und hier fanden sich auch Nicki und Lena wieder. Zufrieden schauten sie einander an. Endlich konnten sie mal in derselben Mannschaft spielen.

Gespielt werden sollten jeweils zehn Minuten ohne Pause. Die Reihenfolge wurde ausgelost. Zuerst kamen die älteren Spieler gegen die gemischte Gruppe an die Reihe. Heiner Herzog teilte jedem seine Position auf dem Fußballfeld zu, wobei er Wünsche nach Möglichkeit berücksichtigte.

„Wo hast du denn bisher gespielt, Lena?", fragte er das Mädchen.

„Bisher war ich Mittelstürmerin", sagte Lena.

Ein wüstes Pfeifkonzert ertönte. Wenn man schon ein Mädchen akzeptierte, dann sollte es aber nicht auf dem wichtigsten Platz spielen, das war die Meinung der Jungen. Heiner Herzog gab sich Mühe es zu überhören, während Lena einen roten Kopf bekam.

„Gut", sagte der Trainer. „Du bleibst im Sturm, aber du spielst als Rechtsaußen. Ich muss erst mal sehen, wie du dich auf dieser Position anstellst. Und außerdem ist das ja nur ein Trainingsspiel. Einverstanden?"

„Na klar", sagte Lena.

Nicki beanspruchte den gewohnten Platz als Mittelfeldspieler. Aber es wäre ihm auch egal, sagte er, er hätte schon in jeder

Position gespielt. Er wurde daraufhin als Libero eingesetzt und seufzte ein wenig. Eigentlich hatte er jede Möglichkeit wahrnehmen wollen, Lena die Bälle zuzuspielen, damit sie Tore schießen konnte. Er wollte ihr die Genugtuung verschaffen, sich vor den anderen auszuzeichnen. Doch als Libero hatte er noch nicht viele Erfahrungen. Seine Möglichkeiten für ein Zusammenspiel mit ihr waren nicht so groß.

Er zwinkerte Lena zu und sie zwinkerte zurück. Sie hatte verstanden, was er beabsichtigte, und war ihm dankbar dafür. Aber sie brauchte keine fremde Hilfe. Sie wusste, was sie konnte, und war sicher, sich dadurch Anerkennung zu verschaffen.

Heiner Herzog war der Schiedsrichter. Als er kaum angepfiffen hatte, war Lena schon am Ball. Bestimmt hätte sie ein blitzsauberes Tor geschossen, wenn sich ihr nicht ein Jungenbein in den Weg gestellt hätte. Sie stolperte und fiel.

Heiner hatte es wohl gesehen und duldete solche Unsportlichkeiten nicht. Er kannte seine Pappenheimer. Er pfiff das Spiel ab und rief den Übeltäter zu sich. Es war ein Mittelfeldspieler aus Lenas eigener Mannschaft.

„Sag mal, Kai, bist du denn von allen guten Geistern verlassen?", fuhr er den Jungen an. „Willst du, dass deine Mannschaft verliert?"

„Nö, natürlich nicht", knurrte Kai.

„Und warum bringst du Lena zu Fall, obwohl sie die beste Aussicht hatte, ein Tor für euch zu schießen?"

Kai zuckte mit den Achseln.

„Es war doch nur ein Versehen, Heiner", sagte er. „Es war bestimmt keine Absicht dabei."

„Noch so ein Versehen und du fliegst aus der Mannschaft. Dann sperre ich dich für die nächsten drei Ferienturniere. Ist das klar?", sagte der Trainer energisch.

Eine rote Karte wäre in einem Punktspiel bestimmt die Folge für Kai gewesen. Aber dies hier war kein Punktspiel, sondern ein Freundschaftsturnier oder auch nur ein Trainingsturnier, da wurden keine roten Karten gezeigt. Dennoch legte Heiner auf Fairness und auf ein sauberes Spiel großen Wert.

„Ich verstehe dich nicht, Kai", fuhr er fort. „Es gibt heute keine Punkte, und es gibt keine Sieger und Besiegten. Wir wollen in den Ferien unseren Spaß haben, das ist alles. Was sollen da diese hinterhältigen Attacken?"

Kai bekam einen roten Kopf vor Verlegenheit. Er hatte es dieser Lena einmal zeigen wollen, wer hier die Stärkeren waren. Mädchen hatten auf dem Fußballfeld nichts zu suchen, so dachte er. Zu dumm, dass der Trainer es gesehen hatte. Nun bekam er ihretwegen auch noch Ärger. Da kam ihm Hilfe von einer Seite, von der er es am wenigsten erwartet hatte. Lena meldete sich zu Wort:

„Ich glaube, Kai hatte keine Schuld", sagte sie. „Da war ein Buckel im Rasen, ein Maulwurfshügel oder so, über den ich gestolpert bin, Herr Herzog."

„Ich bin der Heiner", korrigierte der Trainer das Mädchen. „Der Herr Herzog hat auf dem Fußballfeld nichts verloren. Und dann möchte ich nicht, dass du mich auch noch anschwindelst. Ich habe selbst Augen im Kopf und weiß, was ich gesehen habe. Los, spielen wir weiter."

In den restlichen Minuten erzielte Lena noch drei richtige Bilderbuchtore. Die Spieler, die im Augenblick nur als Zuschauer am Spielfeldrand im Rasen saßen, klatschten sogar Beifall. Eines der Tore hatte Nicki eingefädelt. Durch seine geschickte Vorlage kam Lena an den Ball. Sie nutzte eine Lücke und beförderte ihn ins gegnerische Tor.

Am Ende hatte die Mannschaft von Nicki und Lena gewonnen. Das war eine gute Leistung, denn ihre Elf war zusammengesetzt aus älteren und jüngeren Spielern, die sich auf dem Spielfeld noch nicht kannten. Heiner Herzog sparte denn auch nicht mit Lob für diese Gruppe, während sich die anderen mit ärgerlichen Gesichtern zurückzogen.

Nicki und Lena hatten mit ihrer Mannschaft jetzt eine Ruhepause, während ihre vorherigen Gegner gegen die jüngere Mannschaft, lauter ehemalige E-Spieler, antraten. Sie hockten im Rasen nebeneinander und gaben ihren Kommentar zum Spiel ab.

„Mir kribbelt es in den Beinen, wenn ich das sehe", seufzte Lena.

„Ja, es ist eine ziemlich müde Angelegenheit", sagte Nicki. Dann kam er auf ein anderes Thema: „Sag mal, Lena, warum hast du das gemacht?"

„Was denn?"

„Nun, du hast gesagt, dass du gestolpert wärest. Das war doch glatt gelogen."

„Ach, weißt du, ich wollte nicht, dass Kai meinetwegen bestraft wird. Heute kam es nicht drauf an. Aber wenn es wirklich mal in einem wichtigen Punktspiel passiert, dann ist es dumm für ihn und für die Mannschaft. Jetzt weiß er, dass man ihn beobachtet, und ist beim nächsten Mal vorsichtiger. Vielleicht ist er mir sogar ein bisschen dankbar, weil ich ihn in Schutz genommen habe. Natürlich war es gemein von ihm. Aber so was bin ich schon gewohnt."

„Sind alle Jungen so widerlich zu dir?"

„Nur manche", sagte Lena und lachte schon wieder.

„Macht es dir trotzdem Spaß, Fußball zu spielen?"

„Na klar. Sonst täte ich es ja nicht. In zwei Jahren komme ich in die C-Jugend. Da spielen die Mädchen nicht mehr mit den Jungen zusammen. Ich komme dann in eine Mädchengruppe."

„Hier im VfB gibt es so etwas aber nicht", meinte Nicki.

„Vielleicht kommen ja noch mehr Mädchen in den Verein. Wenn nicht, dann muss ich in einer anderen Stadt spielen. Ach, weißt du, Nicki, darüber mache ich mir noch keine Gedanken. Ich spiele, weil es mir Spaß macht, und ich trainiere, damit es mir noch mehr Spaß macht."

„Ich werde dir nie ein Bein stellen, Lena, das verspreche ich dir. Ich passe auch auf, dass man nicht so ruppig mit dir umgeht. O. K.?"

„Das ist nett von dir, Nicki. Aber ich achte schon selber auf mich. Behandele mich auf dem Feld so, wie du die anderen Spieler behandelst, nicht schlechter und nicht besser, mehr will ich nicht von dir."

Während ihres Gesprächs war das zweite 10-Minuten-Spiel zu Ende gegangen. Diesmal hatten die älteren Spieler, die schon seit einem Jahr in der D-Gruppe spielten, klar gewonnen. Ihre Gesichter hellten sich auf. Da hatten sie es doch den Neuen mal gezeigt, wer hier den Platz beherrschte. Nun musste noch die gemischte Mannschaft gegen die jüngeren Spieler antreten. Verloren sie, dann hatte jede Gruppe ein Spiel gewonnen und eins verloren.

Gewannen sie jedoch, dann war dieses kleine Freundschaftsturnier ganz klar von den „Gemischten" gewonnen worden. Natürlich wollten sie gewinnen und legten sich darum mächtig ins Zeug. Als Libero spielte Nicki vor der Abwehr, während Lena im Sturm pausenlos das gegnerische Tor attackierte. Nicki hatte schon einige Male den Libero spielen müssen, aber im Mittelfeld spielte er lieber. Heute hätte er Lena gern zugespielt, aber dazu kam es nur selten. Einmal, als die Abwehrspieler seiner Mannschaft den gegnerischen Sturm stoppten, gelang es ihm sogar, einen Konter einzuleiten. Aus den Augenwinkeln sah er, wie Lena sein Anspiel erwartete. Er dribbelte so lange, bis er in einer günstigen Schussposition war, dann legte er ihr den Ball vor. Lena reagierte sofort. Noch ehe der Tormann der anderen die Situation erfasst hatte, war der Ball im oberen rechten Eck seines Tores gelandet.

Gleich darauf ertönte der Schlusspfiff. Nickis Mannschaft hatte das Turnier gewonnen und Lena war die Schützenkönigin des Tages.

Abschließend gab es noch ein paar Laufübungen und dann war das erste Ferientraining unter dem neuen Trainer vorüber. Heiner Herzog sprach noch ein paar Worte mit Nicki und Lena.

„Ihr spielt schon recht ordentlich", sagte er. „Von Nicki hatte ich ja schon gehört. Er hatte die Kreismeisterschaft für die E-Jugend in letzter Minute gerettet. Aber von Lena weiß ich gar nichts."

Lena zuckte mit den Achseln.

„Ich habe nur in der zweiten Mannschaft gespielt, da ist man nicht so bekannt. Die Jungen haben es auch nicht so gern, wenn ein Mädchen die meisten Tore schießt. Aber mir macht es eben Spaß, im Verein zu spielen."

„Das merkt man!", lobte sie der Trainer. „Ich glaube, dass ihr beide eine gute Verstärkung für unsere D-Jugend seid. Aber zunächst einmal werde ich euch auf die Bank setzen müssen. Doch keine Angst, ihr kommt auch noch dran!"

Nicki und Lena fuhren gemeinsam mit ihren Rädern nach Haus.

„Hat es dir gefallen, Nicki?", fragte sie.

„Ja, doch. Natürlich war das heute alles nur Spaß. Es fehlen ja viele Stammspieler, die verreist sind", antwortete Nicki. „Hoffentlich kommen wir bald in die erste Mannschaft, auch wenn wir noch ein paar Wochen auf unseren Einsatz warten müssen."

„Das hoffe ich auch. Man weiß ja nicht, was für Könner sie sonst noch haben. Aber mir soll's egal sein. Irgendwann einmal werden sie schon auf uns aufmerksam."

„Sind eigentlich alle Mädchen so gut?", fragte Nicki.

Lena lachte.

„Manche sind gut, manche nicht. Manche trainieren fleißig, und andere sind faul. Das ist nicht anders als bei den Jungen. Wenn du mir einen Gefallen tun willst, Nicki ..."

„Ja?"

„Dann brate keine Extrawurst für mich auf dem Platz. Ich bin nichts anderes als die weiteren neun Feldspieler. Spiel mich nur an, wenn es die Lage so ergibt. Ich finde schon meine Chancen. Natürlich bin ich froh, wenn du dabei bist. Dann weiß ich, dass in der Mannschaft jemand ist, der mich nicht ablehnt, bloß weil ich ein Mädchen bin."

„Gibt es denn so was?", fragte Nicki entsetzt.

„Manchmal ja. Du hast es heute gesehen, als Kai mich gefoult hat. Dabei kenne ich ihn nicht und er hat nie ein Wort mit mir gesprochen. Was kann er also gegen mich haben? Aber ich habe so etwas schon oft erlebt und lasse mir deswegen doch nicht die Freude am Spiel verderben. Ich räche mich, indem ich einfach besser spiele als sie."

„Das hast du ihnen ja schon gezeigt", meinte Nicki. „Deine Tore waren echt Klasse!"

Im Birkenweg waren sie beide zu Haus. Dort vor Bauers Gartentor trennten sich ihre Wege.

„Tschüss, Nicki!", sagte Lena.

„Bis zum nächsten Mal!", antwortete Nicki.

Samson

Bodo, der Torschützenkönig

Es war ein schöner Frühlingstag, und die warme Sonne schien Florian Fliegenfuß, dem Moderator des Schwarzwald-Radios, geradewegs auf die Nase.

Florian war ausgesprochen gut gelaunt, denn heute durfte er eine Reportage über die Fußball-Pokalbegegnung des TuS Schneckendorf gegen Alemannia Schlotterstedt machen. Fußball war Florians Lieblingshobby.

„He, aufwachen, du Schlaftablette, gleich beginnt das Spiel", sagte Florian zu Bodo, seinem anstrengenden, kleinen Ohrwurmfreund, der ausnahmsweise keinen Unsinn im Kopf zu haben schien. Dafür pennte er friedlich in Florians Sporttasche. Bodo blinzelte kurz mit den Augen. „Was, Schlaftablette? Bodo?", antwortete Bodo entrüstet und hüpfte mit einem Riesensatz auf Florians Nase. „Bodo ist keine Schlaftablette. Bodo ist eine Sportskanone", sagte er. Zum Beispiel wackelte er mit seinen Ohren. Florian war tief beeindruckt.

Das Spiel wurde angepfiffen. Sofort übernahmen die Gäste des TuS Schneckendorf die Initiative, schlugen einen weiten Pass in die Spielhälfte des Gegners, umspielten den linken Außenverteidiger und setzten zum ersten brandgefährlichen Schuss aufs Tor an. Da warf sich der Torhüter, heute ganz in Grün, mit einer tollen Parade dazwischen. Ein Raunen ging durch die Menge. Seltsam, diesen Torhüter hatte bisher noch nie irgendjemand gesehen. Beifall brandete auf. Nur einer klatschte nicht – Florian Fliegenfuß.

Das durfte doch nicht wahr sein! Dieser seltsame Spieler – das war Bodo! „Bodo! Bodo!!", rief Florian Fliegenfuß entnervt und rannte aufs Spielfeld um Bodo einzufangen. Da zeigte ihm der Schiedsrichter die rote Karte und Florian musste zähneknirschend das Spielfeld verlassen. Derweil stürmte Bodo, was er konnte. Er dribbelte, flankte und umspielte die gegnerischen Spieler, dass es eine helle Freude war. „Bodo, Bodo!", riefen die Zuschauer begeistert und klatschten so lange dazu mit den Händen im Takt, bis sie wunde Finger bekamen. Bodo wirbelte über das Spielfeld und schoss ein Tor nach dem anderen. Ein Tor, zwei Tore, drei Tore …

Schließlich wurde das Spiel abgepfiffen. „12 : 0 gewinnt Ale-

mannia Schlotterstedt gegen die Gäste aus Schneckendorf", rief der Stadionsprecher. „Zwölffacher Torschütze – Bodo!"

Die Zuschauer stürmten jubelnd aufs Spielfeld und nahmen Bodo auf ihre Schultern. Und während Bodo seinen Pokal hin und her schwenkte, liefen alle zusammen eine Ehrenrunde um den ganzen Fußballplatz. Bis sie bei Florian vorbeikamen. Der stand am Spielfeldrand und verstand die Welt nicht mehr. Bodo zwinkerte Florian belustigt zu. „Einen schönen Gruß von der Schlaftablette", lachte er.

Florian dampfte. „Das nächste Mal", schwor er sich, „gehe ich auf Fahrrad-Rallye. Da kann Bodo bestimmt nicht mithalten." Oder etwa doch?

Ödön von Horváth

Legende vom Fußballplatz

Es war einmal ein armer kleiner Bub, der war kaum sieben Jahre alt, aber schon loderte in ihm eine Leidenschaft: Er liebte den Fußball über alles.

Bei jedem Wettspiel musste er dabei gewesen sein: Ob Liberia gegen Haidhausen, ob Belutschistan gegen Neukölln – immer lag er hinter einem der Tore im Grase (meistens bereits lange vor Beginn) und verfolgte mit aufgerissenen runden Kinderaugen den mehr oder minder spannenden Kampf. Und wenn ein Spieler grob rempelte, ballten sich seine Händchen erregt zu Fäusten und mit gerunzelter Stirne fixierte er finster den Übeltäter. Doch wenn dann vielleicht gar gleich darauf des Schicksals Laune (quasi als Racheakt) ein Goal schoss, so tanzte er begeistert und suchte strahlend all den anderen, die um ihn herum applaudierten, ins

Antlitz zu schauen. Die anderen, die neben ihm lagen, waren ja meistens schon um ein oder zwei Jahre älter und andächtig horchte er, wenn sie sich in den ungeheuerlichsten hochdeutschen Fachausdrücken, die sie weiß Gott wo zusammengehört hatten, über die einzelnen Spieler und Klubs ergingen; ergriffen lauschte er trüben Weissagungen, bis ihn wieder ein wunderbar vollendet geköpfter Ball mitriss, dass sein Herz noch höher flog als der Ball. So saß er oft im nassen Grase. Stundenlang.

Der Novemberwind schmiegte sich an seinen schmalen Rücken, als wollte er sich wärmen, und hoch über dem Spielplatz zog die Fieberhexe ihre Raubvogelkreise.

Und als der Schlusspfiff verklungen war, da dämmerte es bereits; der kleine Bub lief noch einmal quer über das Feld und ging dann allein nach Hause. In den leeren Sonntagsstraßen war es ihm einige Male, als hörte er Schritte hinter sich: als schliche ihm jemand nach, der spionieren wolle, wo er wohne. Doch er wagte nicht sich umzuschauen und beneidete den Schutzmann, der solch große Schritte machen konnte. Erst zu Hause, vor dem hohen, grauen Gebäude, in dem seine Eltern den Gemüseladen hatten, sah er sich endlich um: Ob es vielleicht der dicke Karl ist, mit dem er die Schulbank teilt und der ihn nie in Ruhe lässt – aber es war nur ein dürres Blatt, das sich mühsam die Straße dahinschleppte und sich einen Winkel suchte zum Sterben.

Und am Abend in seinem Bette fror er trotz tiefroter Backen; und dann hustete er auch und es hob ihn vornüber, als haute ihm der dicke Karl mit der Faust in den Rücken.

Nur wie durch einen Schleier sah er seiner Mutter Antlitz, die am Bettrande saß und ihn besorgt betrachtete; und er hörte auch Schritte im Zimmer, langsame, hin und her: Das war Vater.

Der Nordwind hockte im Ofenrohr und zu seinem Gesumm

fingen Regenbogen an, einen Reigen um ihn zu tanzen. Er schloss die Augen. Da wurde es dunkel. Und still. Doch nach Mitternacht wich plötzlich der Schlaf und feine Fingerknöchelchen klopften von außen an die Fensterscheibe – und er hörte seinen Namen rufen – „Hans!", rief eine sanfte Stimme – „Hans!"

Da erhob er sich aus seinem Bette, trug einen Stuhl vor das Fenster, erkletterte ihn und öffnete: Draußen war tiefe stille Nacht; keine Trambahn läutete mehr und auch die Gaslaterne an der Ecke war schlafen gegangen und – vor seinem Fenster im vierten Stock schwebte ein heller Engel; der ähnelte jenem, welcher Großvaters Gebetbuch als Spange umschloss, nur, dass er farbige Flügel hatte: blau und gelb: das waren die Farben des Fußballvereins von Oberhaching; der rechte rosa und grün: das waren die Farben dessen von Unterhaching; seine schmalen Füße staken in purpurnen Fußballschuhen; an silberner Sternenschnur hing um seinen Schwanenhals eine goldene Schiedsrichterpfeife und in den durchsichtigen Händen wiegte sich ein mattweißer Fußball.

„Schau", sprach der Engel, „schau!", und köpfte den Ball kerzengerade in die Höhe; der flog, flog – bis er weit hinter der Milchstraße verschwand.

Dann reichte der Himmlische dem staunenden Hans die Hand und lächelte:

„Komm mit – zum Fußballwettspiel."

Und Hans ging mit.

Wortlos war er auf das Fensterbrett gestiegen und da er des Engels Hand ergriffen, war es ihm, als hätte es nie einen dicken Karl gegeben. Alles war vergessen, versank unter ihm in ewigen Tiefen „ und als die beiden an der Milchstraße vorbeischwebten, fragte der kleine Bub: „Ist es noch weit?"

„Nein", lächelte wieder der Engel, „bald sind wir dort."

Und weil Engel nie lügen, leuchtete bald durch die Finsternis eine weiße rechteckige Fläche, auf die sie zuflogen. Anfangs glaubte Hans, es wäre nur ein Blatt unliniertes Papier, doch kaum, dass er dies gedacht hatte, erfasste sein Führer auch schon den Rand; nur noch ein Klimmzug – und es war erreicht!

Doch wie erstaunte da der kleine Bub!

Aus dem Blatt unliniertem Papier war eine große Wolke geworden, deren Oberfläche ein einziger herrlich angelegter Fußballplatz war; auf bunt bewimpelten Tribünen saßen Zuschauer, wie sie in solcher Zahl unser Kleiner noch bei keinem Wettspiel erlebt hatte.

Und das ganze Publikum erhob sich zum Gruß und alle Augen waren voll Güte auf ihn gerichtet; ja, selbst der Aufseher, der ihn doch sonst immer sofort hinter das Tor in das nasse Gras trieb, führte ihn unter fortwährenden Bücklingen auf seinen Platz: Tribüne (!) Erste Reihe (!!) Mitte (!!!).

„Wie still nur all die Leute sind!", meinte der kleine Bub.

„Sehr recht, mein Herr", lispelte der Aufseher untertänig, „dies sind ja nun auch all die seligen Fußballwettspielzuschauer."

Unten am Rasen losten die Parteien nur um die Sonne-im-Rücken-Seite und – „das sind die Besten der seligen Fußballspieler", hörte Hans seinen Nachbarn sagen; und als er ihn ansah, nickte ihm dieser freundlich zu: da erkannte er in ihm jenen guten alten Herrn, der ihn einst (als Borneo II gegen Alaska verlor) vor dem dicken Karl verteidigte; noch hielt er den Rohrstock in der Hand, mit dem er dem Raufbold damals drohte. Wie der dann lief!

Unermessliche Seligkeit erfüllte des armen kleinen Buben Herz. Das Spiel hatte begonnen, um nimmermehr beendet zu werden, und die zweiundzwanzig spielten, wie er noch nie spielen sah. Manchmal kam es zwar vor, dass der eine oder andere dem Balle einfach nachflog (es waren ja auch lauter Engel), doch da pfiff der Schiedsrichter (ein Erzengel) sogleich ab: wegen unfairer Kampfesweise.

Das Wetter war herrlich. Etwas Sonne und kein Wind. Ein richtiges Fußballwetter.

Seit dieser Zeit hat niemand mehr den armen kleinen Buben auf einem irdischen Fußballplatze gesehen.

Rita Watermeier

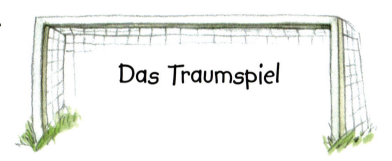

Das Traumspiel

„Sag mal, Charlotte, träumst du schon wieder?!" Frau Sprenger fasste ihre Tochter am Arm und sah sie fragend an.

„Ich?" Das Mädchen schreckte hoch. „Nein, Mama, ich mache meine Schulaufgaben." Eifrig begann Charlotte in ihr Heft zu schreiben. Zufrieden verließ ihre Mutter das Zimmer. Jetzt konnte Charlotte endlich weiterträumen. Sie kritzelte kleine fußballspielende Männchen auf ein Blatt Papier und war mit ihren Gedanken schon bald ganz weit weg.

Charlotte war jetzt ein großer Fußballstar und hatte gerade mal wieder ein Tor geschossen. Alle Fernsehkameras waren nur auf sie gerichtet, die Menschen jubelten und klatschten begeistert.

„Danke, danke!", sagte Charlotte laut und winkte den Zuschauern, als sie plötzlich eine bekannte Stimme hörte.

„Na, spielst du jetzt Lufttheater oder willst du nur die Fliegen verscheuchen?", fragte ihr Bruder Bernd grinsend.

„Keins von beiden." Schnell nahm Charlotte den Arm herunter und schrieb weiter. Belustigt schüttelte Bernd den Kopf und griff nach seiner Sporttasche.

„Wichtiges Spiel heute", erklärte er und verschwand.

„Ja, ja", dachte das Mädchen, „und wenn er dann nach Hause kommt, gibt er wieder an: Wie toll das Spiel wieder war und wie viele Tore er geschossen hat und so weiter!" Ärgerlich klappte Charlotte das Heft zu und ging in den Garten. Dabei wollte sie

doch auch gern in einem Verein Fußball spielen, doch die in ihrem Dorf ließen sie nicht. „Du als Mädchen?!", hatte Herr Brink, der Trainer, gesagt, „aber das geht doch nicht bei uns." Dieser Satz klang ihr noch im Ohr, als sie wenig später auf der Wiese lag und in den blauen Himmel schaute. Wie schön er doch heute aussah mit all den vielen weißen Wolken. Langsam verrauchte Charlottes Wut und ihre Laune besserte sich.

„Da, die Wolke sieht aber komisch aus!", dachte Charlotte. „Wie ein Ball, so rund." Und die zog auch nicht wie die anderen Wolken am Himmel weiter, sondern blieb über dem Mädchen stehen! Charlotte wusste nicht, wie ihr geschah, denn plötzlich schoss diese Wolke herab und hüllte sie ein wie ein flauschiges Federbett.

Schon spürte das Mädchen, wie es langsam hochgehoben wurde und auf der Wolke in den blauen Himmel schwebte. Zuerst glaubte Charlotte zu träumen, doch dann sah sie die Nachbarin, die mit weit aufgerissenem Mund dastand und ungläubig in den

Himmel schaute. Jetzt bemerkten auch die anderen Leute das Mädchen und starrten ihm nach. Die Wolke stieg immer höher und höher und schien ein bestimmtes Ziel zu haben. Nun hatte Charlotte sich an diese Art zu reisen gewöhnt und die Wolkenfahrt begann ihr zu gefallen. „Wo sie mich wohl hinbringt?", fragte sie sich, doch die Reise war noch nicht zu Ende. Die Wolke fing an zu hüpfen, hoch und herunter, so als wäre sie tatsächlich ein Ball. Sie drehte sich im Kreis und das Mädchen jubelte vor Freude. Doch dann bemerkte es, dass die Wolke an Höhe verlor. Charlotte sah unter sich ein großes Feld. Als sie näher kam, erkannte sie, dass es ein Fußballfeld war, auf dem viele kleine Männchen standen. Das Mädchen rieb sich die Augen: Aber das konnte doch nicht wahr sein! Diese Wesen sahen genauso aus wie die Männchen, die Charlotte in ihr Heft gemalt hatte! Nun hatte die Wolke ihr Ziel erreicht und landete mitten auf dem Fußballfeld. Die Zuschauer klatschten und riefen im Chor: „Charlotte vor, noch ein Tor!"

Zwei Mannschaften bildeten sich auf dem Platz, die eine trug weiße, die andere schwarze Trikots. Ein Männchen nahm Charlotte an die Hand und brachte sie zu der weißen Gruppe. Ein Hemd wurde ihr gereicht und Charlotte zog es an. „Aber das kann doch nicht wahr sein!", rief sie jetzt laut.

„Doch", antworteten die Wesen. „Wir haben schon lange auf dich gewartet. Also, fang an!" Ein Pfiff ertönte, dann kam der Anstoß und das Spiel begann! Charlotte schien über das Feld zu schweben, so leicht kam ihr alles vor. Da fiel ein Tor für die gegnerische Mannschaft, die Menge jubelte. Das spornte Charlotte an, sie nahm all ihre Kräfte zusammen und schoss ein Tor. Wieder klatschten alle Beifall.

So ging es hin und her, bei jedem Treffer freuten sich die Zuschauer und schrien vor Begeisterung. Schon bald war die erste Hälfte des Spiels vorüber. Es stand jetzt sieben zu neun für die „schwarze Mannschaft".

In der Pause wurde Charlotte neugierig umringt. „Wir warten schon lange auf dich", erzählte eines der Wesen. „Und als du uns maltest, zitterte der Boden und wir wussten, du würdest bald kommen."

„Aber wieso, warum?", stammelte das Mädchen.

„Wir sind die Wesen der Wolkenträume und erfüllen den Menschen ihre Wünsche, das ist alles."

„Und wieso gerade mir?", fragte Charlotte.

Die Wesen zuckten mit den Schultern. „Wieso nicht dir?"

Bevor Charlotte noch weitere Fragen stellen konnte, ertönte der Anpfiff zur zweiten Halbzeit. Das Spiel wurde noch spannender und aufregender. Das Mädchen gab sein Bestes und schoss zwei Tore. Doch die andere Mannschaft war stärker und gewann. Aber Charlotte war nicht enttäuscht, im Gegenteil, das Spiel hatte ihr großen Spaß gemacht und den wollte sie sich von nun an nicht mehr entgehen lassen.

„Wenn die mich nicht in ihrem Verein wollen, such ich mir ein paar Kinder und wir spielen allein!", nahm sie sich vor.

„Bravo, richtig so, Charlotte!", jubelten die Männchen.

„Ach ja, ihr könnt Gedanken lesen, nicht wahr?", sagte Charlotte und lachte.

Dann wurde es Zeit für den Abschied. Charlotte bedankte sich und nahm auf ihrer Wolke Platz, die sogleich zum Abflug ansetzte. Da fiel dem Mädchen noch etwas ein.

„Halt!", rief es. „Die Leute haben mich doch auf der Wolke gesehen! Was soll ich denen denn sagen?"

„Mach dir keine Sorgen, die haben schon alles vergessen."

Jetzt konnte Charlotte beruhigt abreisen und schon wenige Minuten später setzte die Wolke sie vor ihrem Haus ab. Charlotte öffnete die Tür und ging in die Küche, wo ihre Mutter und Bernd beim Abendbrot saßen.

„Wo kommst du denn her?", wollte Bernd wissen.

„Und wie siehst du überhaupt aus!", sagte Frau Sprenger und sah an Charlotte herunter.

„Eine Antwort nach der andern", erwiderte das Mädchen. „Außerdem bin ich schon sehr gespannt, ob ihr meine Geschichte glauben werdet!" Und Charlotte grinste.

René Goscinny

Reportage der ersten und zweiten Halbzeit

Die beiden Mannschaften versammeln sich auf dem Bauplatz zu dem angesagten Fußballspiel. Die Mannschaft, die von Nicks Vater trainiert wird, läuft ein und tritt in folgender Aufstellung an: Tor – Otto; Verteidigung – Franz und Chlodwig; Läuferreihe – Joachim, Roland und Adalbert; Sturm – Nick (halbrechts), Georg (Mittelstürmer) und Max (Linksaußen). Schiedsrichter: Nicks Vater.

Die genannte Mannschaft hat gegenüber dem Gegner den Nachteil, dass sie in der Stürmerreihe ohne Halblinken und ohne Rechtsaußen spielt. Nicks Vater hat diesen Umstand zur Entwicklung einer ganz besonderen Taktik benutzt, die erst beim letzten Training der Mannschaft endgültig eingeübt wurde: Steilpässe aus der Tiefe des eigenen Feldes sollen die gegnerische Aufstellung durcheinander bringen. Nick (dessen kämpferisches

Temperament an Müller erinnert) und Max (dessen taktisch kluge Dispositionen an Beckenbauer erinnern) bedienen Georg (dessen Fähigkeiten an niemanden erinnern, aber er hat eine komplette Ausrüstung und richtige Fußballschuhe und das ist gut für einen Mittelstürmer) – also Nick und Max bedienen Georg mit Steilvorlagen und dann wird man schon sehen.

Das Spiel beginnt ungefähr um 15 Uhr 40 durch Anpfiff des Schiedsrichters. Gleich in der ersten Minute nutzt der gegnerische Mittelstürmer ein Handgemenge im Strafraum aus und schießt mit solcher Kraft auf das Tor, dass Otto sich gerade noch hinschmeißen kann, damit er nicht getroffen wird. Der Ball geht dicht über ihn hinweg, aber das Tor wird nicht anerkannt – der Schiedsrichter bemängelt, dass die Spielführer sich vorher nicht durch Handschlag ordnungsgemäß begrüßt haben.

In der fünften Spielminute: Spiel im Mittelfeld. Ein Hund frisst Ottos Butterbrote auf, welche neben dem Tor gelegen haben (Otto hat sie dreifach in Papier gewickelt und es waren Gummis drum, und trotzdem). Dieser Vorfall beeinträchtigt die Kampfmoral des Torhüters so, dass er in der siebten Spielminute das erste Tor hinnehmen muss …

… und gleich darauf in der achten Minute das zweite. In der neunten Spielminute tauscht Franz in seiner Eigenschaft als Mannschaftskapitän den Torwart aus. Max geht ins Tor, Otto spielt als Linksaußen (unserer Meinung nach ein grober Fehler, denn Otto ist besser als Halbstürmer, als Stürmer fehlt ihm der Angriffsgeist).

Vierzehnte Spielminute. Ein wolkenbruchartiger Regen geht auf das Spielfeld nieder. Die meisten Spieler suchen unter den Bäumen Schutz, nur Nick und ein gegnerischer Spieler verbleiben auf dem Platz, erzielen aber keine nennenswerten Ergebnisse.

Zwanzigste Spielminute. Georg entlastet seine Mannschaft durch einen tollen Schuss aus der Position des linken Innenstürmers (oder des Halbrechten? Aber das ist auch nicht so wichtig).

Ebenfalls in der zwanzigsten Minute fährt Herr Schapper am Bauplatz vorbei, um seine an Grippe erkrankte Großmutter zu besuchen.

Der Zusammenprall mit dem scharf geschlagenen Ball bringt Herrn Schapper aus dem Gleichgewicht. Er gerät mit seinem Fahrrad versehentlich in den Vorgarten der Familie Katzmann, mit der er seit zwanzig Jahren verfeindet ist.

Herr Schapper erscheint auf dem Spielfeld, gerade als der Einwurf ausgeführt werden soll. Er beschlagnahmt den Ball.

Fünf Minuten Ratlosigkeit. In der fünfundzwanzigsten Spielminute wird das Spiel mit einer leeren Konservenbüchse (Prinzessbohnen, extra fein) wieder aufgenommen. In der sechsundzwanzigsten, siebenundzwanzigsten und achtundzwanzigsten Minute dribbelt Otto sich dreimal durch die gegnerische Abwehr und schießt jedes Mal unhaltbar ein (es ist unmöglich, Otto eine Büchse Prinzessbohnen extra fein abzunehmen – selbst wenn sie leer ist). Nicks Mannschaft führt mit drei zu zwei.

Dreißigste Minute. Herr Schapper gibt uns den Ball wieder. (Seiner Großmutter geht es schon viel besser und Herr Schapper hat gute Laune.) Die Konservenbüchse ist nicht mehr nötig und wird weggeschmissen.

In der einunddreißigsten Minute umspielt Nick die gegnerische Abwehr, flankt nach innen zu Roland auf die halblinke Position (aber da der linke Innensturm nicht besetzt ist, ist Roland eigentlich mehr Mittelstürmer). Roland leitet weiter zu Chlodwig, der mit einem Fallrückzieher von der linken Strafraumgrenze aus die gegnerische Abwehr leer laufen lässt. Das kraftvoll geschlagene Leder trifft den Schiedsrichter in die Magengrube.

Der Schiedsrichter schlägt den beiden Mannschaftskapitänen mit schwacher Stimme vor, die zweite Halbzeit in der nächsten Woche auszutragen, zumal es kühl wird und die Wolken vermuten lassen, dass ein weiterer Platzregen zu erwarten ist.

Ende der ersten Halbzeit.

In der ganzen Woche zwischen der ersten und zweiten Halbzeit haben ausführliche Telefongespräche zwischen Nicks Vater und den Vätern der anderen Schüler dazu geführt, dass die Mannschaft eine leichte Umstellung erfährt: Franz wird als Halblinker eingesetzt und Georg geht in die Verteidigung. Auf einer Besprechung entscheiden sich die Väter für einen Wechsel in der Taktik. Aus den vielen eingebrachten Vorschlägen ergibt sich schließlich in groben Zügen folgende Spielanweisung: Die Mannschaft versucht, in der ersten Spielminute der zweiten Halbzeit unter allen Umständen ein Tor zu erzielen, und spielt von da ab defensiv. Bei sich bietender Gelegenheit soll ein Überraschungsangriff aus der Tiefe das zweite Tor erzwingen. Wenn die Kinder diese Anweisung befolgen, meinen die Väter, können sie das Spiel mit 5 : 2 gewinnen, da sie ja nach der ersten Halbzeit bereits mit 3 : 2 führen. Nicks Vater und die anderen Väter (die von Nicks Freunden, aber auch die Väter von denen von der anderen Schule) sind pünktlich am Platz, als das Spiel um 16 Uhr 03 vor einem spürbar erregten Publikum angepfiffen wird.

Der Spielverlauf der ersten Minuten wird durch das Gebrüll der Väter erheblich beeinträchtigt. Die Spieler werden nervös, das Spiel zeigt keine interessanten Augenblicke – abgesehen von zwei Aktionen: Chlodwig kriegt eine Ohrfeige von seinem Vater, weil er eine Flanke verpasst hat, und Roland schießt dem Vater von Max den Ball in den Rücken. Joachim als Mannschaftskapitän (jeder von uns soll fünf Minuten lang Mannschaftskapitän sein) wendet sich an den Schiedsrichter und bittet ihn zu veranlassen, dass die Zuschauer den Platz freigeben. Chlodwig beklagt sich beim Schiedsrichter und sagt, durch die Ohrfeige hat er keine Kondition mehr und er verzichtet. Sein Vater ist bereit als Ersatz für ihn zu spielen. Daraufhin reklamiert die gegnerische Mannschaft und lässt sich ebenfalls durch ihre Väter verstärken.

Die Väter ziehen ihre Mäntel, Röcke und Westen aus und stürzen auf das Spielfeld. Sie rufen den Spielern zu, sie sollen gut aufpassen, damit sie was lernen, und jetzt können sie mal sehen, was Ballbehandlung ist, und sie sollen vorsichtig sein und nicht so nah rankommen.

In den ersten Minuten des Spiels, das sich nunmehr die Väter von Nicks Freunden und die Väter der Jungen aus der anderen Schule liefern, werden sich die Zuschauer schnell darüber klar, was vom weiteren Verlauf des Spiels zu erwarten ist, und kommen überein zu Chlodwig zu gehen (Chlodwigs Vater hat Fernsehen) um sich die Sendung „Sport am Sonntag" anzusehen.

Der weitere Verlauf des Spiels wird durch die wechselseitigen

Bemühungen charakterisiert, kräftig gegen den Ball zu treten und bei Gelegenheit vielleicht das Tor zu treffen. Beide Mannschaften beklagen sich über den heftigen Gegenwind, der sie an der vollen Entfaltung ihrer Fähigkeiten hindert. In der sechzehnten Spielminute schießt einer der Väter von denen von der anderen Schule den Ball in Richtung eines Mitspielers. Der vermeintliche Mitspieler ist Georgs Vater, der den Ball mit Absatztrick in einen Haufen Gerümpel hineinschießt. Das dabei entstehende Geräusch lässt vermuten, dass der Ball geplatzt ist. Zur Überraschung der Spieler springt der Ball jedoch nach wie vor, weil eine Sprungfeder durch und durch gegangen ist.

Nach drei Sekunden Spielunterbrechung wird entschieden, dass das Spiel unter Verwendung einer Konservenbüchse seinen Fortgang nimmt.

In der sechsunddreißigsten Minute wird die Oberlippe des linken Verteidigers (Rolands Vater) fast von der heranwirbelnden Konservenbüchse getroffen. Rolands Vater wehrt die Büchse mit der Hand ab. Der Schiedsrichter (der Onkel von einem von der anderen Schule) erkennt auf Handspiel und Elfmeter. Trotz der Proteste einiger Spieler wird der Elfmeter ausgeführt, und der Torhüter (Chlodwigs Vater) kann trotz seiner verzweifelten Parade den Schuss nicht halten. Die Väter von denen von der anderen Schule gleichen somit aus – die Partie steht 3 : 3.

Nur noch wenige Minuten sind zu spielen, die Väter sind schon sehr beunruhigt über den Empfang zu Hause und darüber, was ihre Söhne sagen werden, wenn sie das Spiel verlieren. Infolgedessen gewinnt das bis dahin mäßige Spiel plötzlich an Farbe. Die Väter von denen von der anderen Schule spielen betont defensiv, einige Spieler setzen sogar den Fuß auf die Büchse und hindern die Spieler der Gegenseite mit Gewalt am Schuss. Plötzlich kommt Rolands Vater (im Zivilberuf Polizist) durch, dribbelt sich an zwei gegnerischen Vätern vorbei, steht allein vor dem Tor und tritt das Blech kaltblütig ins Netz. Nicks Vater und die Väter von Nicks Kameraden gewinnen das Spiel klar mit 4 : 3.

Das Foto der siegreichen Mannschaft unmittelbar nach dem Spiel. Wir erkennen: stehend, von links nach rechts – die Väter von Max, von Roland (Held des Tages), von Franz (am linken Auge leicht verletzt), von Georg und von Otto. In der zweiten Reihe, sitzend – die Väter von Joachim, von Chlodwig, von Nick (am linken Auge verletzt durch einen Zusammenprall mit Franz' Vater) und den Vater von Adalbert.

Manfred Mai

Wir werden Meister!

Der FC Winterhausen begann das „Endspiel" mit seiner besten Elf: Pisa, Vanessa, Lukas, Larissa, Flori, Ketschup, Macke, Andi, Anne, Serdal, Recep.

Die Mannschaften stellten sich auf, das Spiel begann. Den ersten Spielzug hatten die Winterhausener mehr als hundertmal eingeübt.

Nach dem Anpfiff schob Serdal den Ball zu Recep und lief sofort in die Spitze. Recep spielte den Ball zurück zu Anne und folgte Serdal. Anne ließ den Ball für Flori liegen und rannte an der linken Außenlinie entlang nach vorn. Das sah alles ein wenig eigenartig, ja anfängerhaft aus und die Relinger Abwehrspieler waren für ein paar Augenblicke verwirrt. Das nützte Flori aus und spielte einen langen Pass zu Anne. Die lief mit dem Ball in Richtung Tor, bis sich ihr ein Verteidiger in den Weg stellte. Nun rechnete alles mit einem Dribbling oder einer Flanke. Aber zur Überraschung der Relinger und vieler Zuschauer spielte Anne den Ball quer – genau in den Lauf des heranstürmenden Andi. Und der traf den Ball voll mit dem Spann. Bevor ein Relinger den Ball berührt hatte, hing er schon im Netz.

„Tor!", riefen die Fans des FC Winterhausen und freuten sich wie die Mannschaft über diesen gelungenen Auftakt.

Die Relinger hatten sich noch nicht von dem Schock erholt, da spielten sich Serdal und Recep mit einem Doppelpass durch die

Abwehr, als ob die gar nicht vorhanden wäre. Zum Schluss brauchte Recep den Ball nur noch ins leere Tor zu schieben.

„Tooor!", riefen die Fans wieder und waren begeistert. Die Mädchen und Jungen des FC Winterhausen lagen sich jubelnd in den Armen, während ihre Gegner wie benommen auf dem Platz standen. Ihr Trainer brüllte Anweisungen durch die Gegend, aber man hatte nicht den Eindruck, dass seine Spieler sie hörten. Auch in den nächsten Minuten kickten sie wie blutige Anfänger und waren dem Winterhausener Angriffswirbel nicht gewachsen. Nach einer herrlichen Kombination stand Macke plötzlich allein vor dem Tor. Er war so überrascht, dass er im ersten Augenblick nicht wusste, was er tun sollte.

„Schieß!", schrie Andi.

Weil ihm niemand zu Hilfe kam, kickte Macke den Ball einfach nach vorn – ins Tor! Die andern wollten ihm gratulieren, aber sie bekamen ihn nicht zu fassen. Macke raste kreuz und quer über den Platz, als wäre eine Meute Löwen hinter ihm her.

„Der hat wirklich eine Macke", sagte Rainer Abele, der Betreuer.

„Wer hat die nicht?", meinte Herr Butz, der Trainer, und strahlte.

Der Schiedsrichter pfiff wie verrückt auf seiner Trillerpfeife, aber Macke lief noch eine Ehrenrunde und genoss den Beifall der Zuschauer.

„Wenn du nicht sofort in deine Hälfte gehst, stelle ich dich vom Platz!", drohte der Schiedsrichter.

Das zog, denn natürlich wollte Macke nach dem ersten Tor in seiner Karriere nicht vom Platz fliegen.

Bevor der Schiedsrichter die Begegnung wieder anpfiff, wechselte der Relinger Trainer aus. Er nahm gleich vier Spieler auf einmal aus dem Spiel und schickte vier neue auf den Platz. Und wie so oft brannten die Reservespieler vor Ehrgeiz. Sie wollten beweisen, dass sie mindestens so gut waren wie die andern.

Herr Butz versuchte inzwischen seine Mannschaft zu beruhigen. „Ihr dürft nicht übermütig werden! Habt ihr gehört? Spielt ruhig weiter und passt hinten auf!"

Aber diesmal hörten sie nicht auf ihn. Jetzt wollten alle nach vorn und Tore schießen. Sogar Vanessa und Larissa hielt es nicht mehr in der eigenen Hälfte. Und was Herr Butz befürchtet hatte, traf ein: Seine Mannschaft lief in einen Konter der Relinger. Schon stand es nur noch 1 : 3. Das betrachteten die meisten Winterhausener nur als kleinen Schönheitsfehler. Sie wollten weiter zaubern. Aber plötzlich klappten die Tricks nicht mehr. Es war wie verhext.

Zwanzig Minuten lang hatten sie Traumfußball gespielt, jetzt misslang alles, selbst die einfachsten Dinge. Und als Ketschup auch noch einen harmlosen Schuss ins Tor abfälschte, standen die Winterhausener wie begossene Pudel auf dem Platz, obwohl sie noch mit einem Tor Vorsprung führten.

Jetzt kam Pisas große Zeit. Er sprang, hechtete und flog wie Andy Köpcke durch sein Tor. Mutig warf er sich den gegnerischen Stürmern vor die Füße und begrub den Ball unter sich. Einmal lag ein richtiges Spielerknäuel vor Pisas Tor. Mittendrin steckte Pisa mit dem Ball in den Händen und grinste. Aber seine größte Leistung vollbrachte er eine Minute vor dem Halbzeitpfiff. Der Relinger Mittelstürmer wurde an der 16-Meter-Linie herrlich angespielt und zog sofort ab. Pisa schraubte sich in die Luft, wurde lang und länger und konnte den Ball mit den Fingerspitzen gerade noch über die Latte lenken. Für diese Glanztat erhielt er sogar vom Gegner Beifall. Ohne Pisa hätte Relingen zur Halbzeit geführt. Das wussten die andern. Deswegen schlichen sie in die Kabine, als ob sie Prügel bezogen hätten. Die aufmunternden Zurufe ihrer Fans nahmen sie kaum wahr. In der Kabine ließen sie sich auf die Bänke fallen und streckten die Beine von sich.

„Ihr dürft die Köpfe jetzt nicht hängen lassen", sagte Herr Butz energisch. „Los, steht auf und bewegt euch!"

Die Mädchen und Jungen schauten ihn verwundert an.

„Na los, habt ihr nicht gehört, ihr sollt euch bewegen!"

Murrend standen sie auf und schlurften im Gänsemarsch um den Tisch herum.

„Zwanzig Minuten lang habt ihr gespielt wie der deutsche Meister", begann Herr Butz. „Die Leute waren begeistert, weil sie so etwas noch nie gesehen hatten, genau wie ich. Aber dann wolltet ihr noch einen draufsetzen und spielen wie die Weltmeister, obwohl ich euch gewarnt habe, nicht übermütig zu werden."

Andi wurde die Lauferei zu dumm. Er setzte sich auf eine Bank.

„Ich hab nicht gesagt, dass du dich hinsetzen sollst!", schnauzte ihn Herr Butz an.

Andi sagte keinen Ton und reihte sich schnell wieder ein.

„Ein D-Jugendspiel dauert sechzig Minuten. Das hat man nach zwanzig Minuten noch nicht gewonnen, selbst wenn man 3 : 0 führt. Das solltet ihr inzwischen wissen! Wie schnell so ein Vorsprung weg ist, habt ihr ja selbst gesehen."

„Wenn der so doof ist und ein Eigentor schießt!", meckerte Pisa und knuffte den vor ihm gehenden Ketschup in den Rücken.

„Lass das! Er ist nicht mehr und nicht weniger schuld als alle anderen, dass ihr den schönen Vorsprung verschenkt habt", nahm Herr Butz Ketschup in Schutz. „Zehn Minuten habt ihr katastrophal gespielt. Ihr könnt euch bei eurem Torwart bedanken, dass es noch 3 : 2 steht. Und weil es noch 3 : 2 steht, gibt es trotz allem keinen Grund, die Köpfe hängen zu lassen. Wenn ihr euch in der zweiten Halbzeit wieder zusammenreißt, dann gewinnt ihr das Spiel. Denn ihr seid viel besser als die. Ist das klar?"

Die Mädchen und Jungen brummten nur Unverständliches vor sich hin.

„Ob das klar ist?!"

„Ja!", schrien sie.

„Dann fasst euch jetzt an den Händen!" Herr Butz spitzte die Ohren. „Ich will etwas hören!"

„Gemeinsam schaffen wir's!", brüllte es aus allen Kehlen.

Da pfiff der Schiedsrichter auch schon.

„Also los jetzt! Raus mit euch!", sagte Herr Butz. „Zeigt den Relingern und euren Fans, was ihr könnt!"

Die Mädchen und Jungen des FC Winterhausen waren nicht mehr zu halten. Sie konnten es kaum erwarten, bis die zweite Halbzeit endlich begann.

Die Zuschauer wunderten sich, wie sehr sich die Mannschaft in der Pause verwandelt hatte.

„Ich glaube, Herr Butz hat ihnen ganz schön Pfeffer gegeben", sagte Floris Vater.

Annes Vater nickte. „Ja, der versteht etwas von Kindern und vom Fußball."

Der „Pfeffer" wirkte fast zu gut. Einige Jungen rasten wie wild über den Platz.

Aber wie immer, wenn es brenzlig wurde, brachten Vanessa und Flori Ruhe ins Spiel. Sie hielten den Ball in den eigenen Reihen, spielten auch einmal zurück, liefen sich sofort wieder frei und bauten das Spiel von hinten auf.

Jetzt klappte auch der Wechsel zwischen den Zwillingen wieder. Larissa blieb hinten, wenn Vanessa mit nach vorn ging. Und das tat sie immer öfter. Fast alle Angriffe liefen über sie. Mal dribbelte sie, mal spielte sie schnell, mal hielt sie den Ball und lockte zwei, drei Relinger aus der Abwehr, bevor sie einen Pass zu Serdal oder Recep schlug. Vanessa tat immer das Richtige.

„Dieses Mädchen ist das beste auf dem Platz", sagte der Verbandstrainer. „Drei, vier andere sind wirklich nicht schlecht, aber sie stellt alle in den Schatten. Schade, dass sie kein Junge ist."

Nach zehn Minuten lief das Spiel des FC Winterhausen wieder wie am Schnürchen. Trotzdem war noch nichts entschieden, denn die Relinger wehrten sich mit allen Kräften. Da nahm Ketschup einem Gegenspieler den Ball ab, Vanessa spurtete sofort los, erhielt den Ball, trieb ihn bis in die gegnerische Hälfte, umkurvte zwei Relinger, sah Andi halbrechts laufen und spielte im richtigen Moment den Pass in den freien Raum. Bevor die Relinger sich gedreht hatten, stand Andi allein vor ihrem Torwart. Aber Andi wäre nicht Andi gewesen, wenn er den Ball jetzt einfach ganz normal ins Tor geschossen hätte. Am Elfmeterpunkt blieb er plötzlich stehen und lockte den Torwart heraus.

„Schieß doch!", schrien die Winterhausener.

Herr Butz raufte sich die Haare. „Der macht mich noch wahnsinnig!"

Andi nahm den Ball mit der Fußspitze hoch und kurz bevor der Torwart nach dem Ball hechten wollte, schlug Andi einen gefühlvollen Heber. Der Torwart sprang vergeblich in die Luft, der Ball landete im Tor.

Andi drehte ab und ließ sich feiern.

„Der Kerl hat Nerven!", staunte der Verbandstrainer.

Herr Butz drohte Andi mit der geballten Faust. „Wenn du den nicht reingemacht hättest, hätte ich dir den Kopf abgerissen!"

Andi strahlte. „War doch viel spannender so!"

„Aufpassen jetzt und nicht übertreiben!", rief Herr Butz. Er gab dem Schiedsrichter ein Zeichen, dass er auswechseln wollte. Für Lukas und Anne durften Igor und Franz aufs Feld. Ein paar Minuten später wechselte er auch noch Macke und Larissa gegen Alex und Sandro aus.

Diesmal machten sie nicht den gleichen Fehler wie in der ersten Halbzeit. Sie spielten weiter aus einer sicheren Abwehr heraus. Und weil die Relinger nun alles nach vorn warfen, ergaben sich für die Winterhausener gute Kontermöglichkeiten. Zwei davon nutzten die schnellen Stürmer zum 6 : 2-Sieg.

Nach dem Schlusspfiff tanzten die Mädchen und Jungen auf dem Platz. Herr Butz und der Jugendleiter gratulierten ihnen. Auch einige Mütter und Väter liefen auf den Platz und drückten ihre Kinder an sich. Erst als der Bezirksjugendleiter den Meisterwimpel überreichen wollte, wurde es ruhig.

„Liebe Jungen – und Mädchen, muss ich ja heute sagen", begann er seine kleine Ansprache. „Ihr habt uns ein tolles Spiel gezeigt, am liebsten würde ich beiden Mannschaften einen Meisterwimpel überreichen, denn beide hätten ihn verdient."

Die Zuschauer klatschten.

„Aber es kann eben nur einer Meister werden. Und ich glaube, wir haben alle gesehen, dass die D-Jugend des FC Winterhausen diesen Wimpel heute zu Recht erhält."

„Bravo!", riefen viele und klatschten begeistert.

„Was diese Mannschaft an technischem Können und Spielwitz gezeigt hat – und ich füge hinzu: auch dank der drei Mädchen gezeigt hat –, ist erstaunlich. Bei solchen Jugendmannschaften braucht uns um die Zukunft des Fußballs nicht bange zu sein – auch um die Zukunft des Damenfußballs nicht!"

Wieder wurde er von Beifall unterbrochen.

„Ich bitte nun den Spielführer des FC Winterhausen zu mir!"

Flori machte ein paar Schritte nach vorn, nahm den Meisterwimpel entgegen und hielt ihn hoch wie die Spielführer der Großen die Pokale. Natürlich wollten alle Mädchen und Jungen des FC Winterhausen den Wimpel einmal in den Händen halten und erdrückten Flori fast.

Eine halbe Stunde später saßen sie in der Kabine und erzählten sich noch einmal gegenseitig die schönsten und tollsten Szenen des Spiels. Plötzlich ging die Tür auf und Herr Waiblinger kam mit dem Bezirksjugendleiter herein.

„Ihr habt wirklich eine tolle Mannschaft", sagte der Bezirksjugendleiter. „Das hat mir der Verbandsjugendtrainer bestätigt."

„Der Verbandsjugendtrainer?", fragte Andi ungläubig. „War der denn hier?"

Der Bezirksjugendleiter nickte. „Und er war sehr beeindruckt von euch. Es könnte gut sein, dass der eine oder die andere demnächst zu einem Lehrgang in die Sportschule eingeladen wird."

„Juhu!", jubelten einige sofort.

„Ich werde Nationalspieler!", rief Andi und tanzte durch die Kabine.

Nachdem sich alle wieder einigermaßen beruhigt hatten, fuhr der Bezirksjugendleiter fort: „Schade ist nur, dass ihr in der nächsten Saison nicht mehr zusammen spielen könnt."

Ein paar Jungen guckten ihn verwundert an.

„Ihr wisst doch sicher, dass gemischte Mannschaften ab der C-Jugend nicht mehr erlaubt sind. Aber wie ich gehört habe, möchte euer Trainer in der nächsten Saison sowieso eine Mädchenmannschaft spielen lassen." Er nickte Vanessa, Larissa und Anne zu. „Ihr geht dem Fußball also nicht verloren. Das wäre auch sehr schade, denn es macht wirklich Spaß, euch zuzuschauen."

„Dann werden wir nächstes Jahr eben zweimal Meister", sagte Andi. „Bei den Jungen und bei den Mädchen."

Manfred Mai

Fußball verbindet

Ralf war das einzige Kind in der Waldstraße, bis vor drei Wochen ungefähr sechzig Asylbewerber in das ehemalige Gasthaus und Hotel „Zum Bären" eingezogen sind. Darunter auch mehrere Familien mit Kindern.

Drei Wochen lang hat Ralf die fremden Menschen nur aus sicherer Entfernung beobachtet. Bis gestern. Da spielte er mit seinem Ball. Einmal flog der Ball davon und blieb erst kurz vor dem „Bären" unter einem Auto liegen. Als Ralf ihn holte, sah er ein paar Kinder auf dem großen Platz vor dem „Bären" Fußball spielen.

Auch heute spielt Ralf wieder allein mit seinem Ball. Er kickt ihn leicht in Richtung „Bären" und läuft ihm hinterher. Etwa zwanzig Meter vom „Bären" entfernt bleibt er stehen und schaut den Kindern zu, wie sie Fußball spielen.

Plötzlich rollt ihr Ball auf die Straße. Ralf stoppt ihn und kickt ihn zurück. Die Kinder stecken die Köpfe zusammen. Dann kommt ein großer Junge auf Ralf zu. Der weiß nicht recht, was er tun soll – stehen bleiben oder weglaufen.

Der Junge gibt Ralf durch verschiedene Zeichen zu verstehen, dass er mit ihnen Fußball spielen soll. Ralf rührt sich nicht. Da nimmt ihn der Junge am Arm und geht mit Ralf zu den anderen Kindern.

Zum ersten Mal sieht Ralf sie aus der Nähe. Drei von ihnen haben schöne braune Haut, so wie seine Mutter, wenn sie im Sommer am Meer waren. Vier Kinder sehen aus wie Chinesen. Bisher haben die drei „Braunen" gegen die vier „Chinesen" gespielt. Jetzt soll Ralf bei den „Braunen" mitspielen. Zuerst ist er noch unsicher und steht ziemlich dumm auf dem Platz herum. Aber nach einigen Minuten wird er mutiger. Und als der große Junge ihm den Ball zuköpft, stoppt Ralf ihn elegant und schießt ein herrliches Tor. Seine Mitspieler jubeln und erdrücken ihn fast vor Freude. Das ist ein schönes Gefühl.

Eine halbe Stunde spielen die Kinder, es macht allen großen Spaß. Aber Fußball macht durstig. Deswegen wollen sie ins Haus und etwas trinken. Ralf bleibt auf dem Platz stehen. Der große Junge kommt und nimmt ihn mit ins Haus. Ralfs Herz klopft. Und als er in einem Raum mehrere dunkelhäutige Männer sitzen sieht, würde er am liebsten wegrennen.

„Guten Tag", sagt einer der Männer. „Wir Besuch! Wir uns freuen!"

Er kommt auf Ralf zu. Der wird starr vor Angst.

„Du keine Angst", sagte der Mann und streicht Ralf über den Kopf. „Wie dein Name?"

Ralf versteht nicht, was der Mann meint.

Der Mann zeigt mit dem Finger auf sich. „Mein Name Hafis. Wie dein Name?"

„Ralf", antwortet Ralf.

Der große Junge sagt etwas zu Hafis. Der nickt und lacht Ralf an. „Du gut mit Ball." Wieder streicht er Ralf über den Kopf.

Ralf ist froh, als der große Junge endlich weitergeht.

Die anderen Kinder warten schon in einem Zimmer. Es ist etwa so groß wie Ralfs Kinderzimmer. Aber es stehen fünf Betten drin. Die braunen Kinder zeigen Ralf, dass sie in drei der Betten schlafen. Aber sie schaffen es nicht, Ralf begreiflich zu machen, wem die anderen Betten gehören. Da holt der große Junge Hafis. Der sagt, dass die Eltern der braunen Kinder in den beiden Betten schlafen.

Dann führt er Ralf durchs Haus. In jedem Zimmer stehen vier oder fünf Betten. Es gibt nur vier Toiletten, vier Duschen und eine Küche für 62 Leute. Die frühere Gaststube ist der Aufenthaltsraum.

„Viel wenig Platz", sagt Hafis. „Das nicht gut. Wir nicht dürfen arbeit. Nicht wissen, was sollen ganzen Tag machen. Immer sitzen und Angst, dass wir werden zurückgeschickt in unsere Land. Angst nicht gut. Viel wenig Platz nicht gut. Geben viel Streit. Deutsche sagen, wir schlechte Mensch. Das nicht wahr. Wir hier Arbeit und Wohnung, dann nicht mehr Angst und gute Mensch wie Deutsche."

Ralf versteht nicht genau, was Hafis meint. Aber er hat jetzt keine Zeit darüber nachzudenken, weil die Kinder weiter Fußball spielen wollen.

Hafis und ein paar andere Männer schauen ihnen zu. Wenn jemand ein Tor schießt, klatschen sie.

Mitten im Spiel hört Ralf, dass seine Mutter ihn ruft. Er schnappt seinen Ball, sagt „Tschüss!" und läuft nach Hause.

„Wo warst du?", fragt Mutter.

Ralf erzählt ihr alles, was er heute Nachmittag erlebt hat.

„Die Leute haben ganz wenig Platz", sagt er. „Die Kinder haben kein eigenes Zimmer. Und Hafis hat gesagt, sie sitzen den ganzen Tag nur herum und dürfen nicht arbeiten. Warum dürfen sie denn nicht arbeiten?"

„Weil es verboten ist", antwortet Mutter. „Es gibt ein Gesetz, in dem steht, dass Asylbewerber bei uns nicht arbeiten dürfen. Ich finde das völlig falsch, denn es gibt viele kleine Arbeiten in der Gemeinde, die Asylbewerber gut machen könnten und bestimmt auch gern machen würden. Aber Gesetz ist nun mal Gesetz."

„Und warum gibt es dieses dumme Gesetz?", möchte Ralf wissen.

Mutter zieht die Schultern hoch. „Ich glaube, weil ein Gericht erst prüfen muss, ob sie Asyl bekommen und in Deutschland bleiben dürfen. Bis das entschieden ist, müssen sie im Asylantenheim wohnen und dürfen nicht arbeiten. Das kann manchmal ganz schön lange dauern."

„Und wenn sie Asyl bekommen, dürfen sie arbeiten und in eine Wohnung ziehen?"

„Dürfen schon", antwortet Mutter. „Es ist nur sehr schwierig, eine Arbeitsstelle und eine Wohnung zu finden. Wir haben jetzt schon viele Arbeitslose und zu wenig Wohnungen."

„Dann muss man eben mehr Wohnungen und Fabriken bauen", meint Ralf.

Mutter lacht. „So einfach geht das leider nicht. Und frag mich jetzt bitte nicht, warum nicht! Ich hab nämlich keine Zeit mehr!"

Ralf setzt sich auf seinen Ball. Das Wichtigste ist, dass sie nicht zurückgeschickt werden, denkt er.

Quellenverzeichnis

Werner Färber, *Gelbe Karte für Papa* und *Gurkenkicker*, aus: ders., Kleine Fußballgeschichten. © 1996 arsEdition, München.

Uwe Timm, *Rennschwein Rudi Rüssel*, gekürzte Fassung aus: ders., Rennschwein Rudi Rüssel. © 1989 Verlag Nagel & Kimche.

Toni Löffler, *Nicki stürmt nach vorn*, Auszug aus: dies., Nicki stürmt nach vorn. © 1995 Klingenberg Verlag, Hildesheim.

Volker W. Degener, *Die anderen*, aus: Werkkreis Literatur der Arbeitswelt: Sportgeschichten. © 1980 Fischer Taschenbuch Verlag, Frankfurt am Main.

Hermann Kasack, *Der Ball spielte mit den Menschen*, aus: ders., Das große Netz. © 1952 Suhrkamp Verlag, Frankfurt am Main.

René Goscinny, *Fußball* und *Reportage der ersten und zweiten Halbzeit*, Auszüge aus: René Goscinny & Sempé, Der kleine Nick und seine Bande. © 1976 Diogenes Verlag AG, Zürich.

Alfred Hitchcock, *Ein böses Foul*, Auszug aus: ders., Die drei ??? Fußball-Gangster. © 1995 Franckh-Kosmos Verlags GmbH & Co., Stuttgart.

Doris Meißner-Johannknecht, *Ninas Geheimnis*, Auszug aus: dies., Ninas Geheimnis. © 1994 Doris Meißner-Johannknecht.

Manfred Mai, *Das Traumpaar*, aus: ders., Leselöwen-Fußballgeschichten. © 1993 Loewe Verlag GmbH, Bindlach.

Dietlof Reiche, *Der Fußball ist weg*, Auszug aus: Jutta Richter (Hrsg.), … und jeden Samstag baden. © Dietlof Reiche.

Horst Heinrich, *Am Fußballstadion*, aus: Mein Lesebuch für das 3. und 4. Schuljahr. © 1971 Bayerischer Schulbuchverlag, München.

Toni Löffler, *Nicki und Lena*, Auszug aus: dies., Nicki und Lena.
© 1996 Klingenberg Verlag, Hildesheim.

Samson, *Bodo, der Torschützenkönig*, aus: ders., Die schönsten Bodo-Geschichten. © 1991 Tino.

Ödön von Horváth, *Legende vom Fußballplatz*, aus: ders., Gesammelte Werke, Band 3. © 1988 Suhrkamp Verlag, Frankfurt am Main.

Rita Watermeier, *Das Traumspiel*, aus: Sonja Hartl (Hrsg.), Fußballgeschichten. © 1994 Rita Watermeier.

Manfred Mai, *Wir werden Meister!*, Auszug aus: ders., Wir werden Meister! © 1994 Loewe Verlag GmbH, Bindlach.

Manfred Mai, *Fußball verbindet*, aus: ders., Warum-Geschichten – Ausländer bei uns. © 1993 Loewe Verlag GmbH, Bindlach.

Sollten trotz intensiver Nachforschungen des Verlages Rechteinhaber nicht ermittelt worden sein, so bitten wir diese, sich mit dem Verlag in Verbindung zu setzen.